AQUARIUS

AQUARIUS

AQUARIUS

AQUARIUS

Vision

一些人物，
一些視野，
一些觀點，
與一個全新的遠景！

我是余湘

CHAIRWOMAN

【推薦序一】

YES，AND……

郝廣才／格林文化發行人

我說余湘如果是顏色，那是一片金黃色，早晨九點，太陽照在麥田的溫暖。

如果她是山，是結滿果樹的山，結實纍纍，任你摘取。

如果她是樹，是一棵四季會開不同花的樹，讓你驚嘆。

如果她是花，那一定是向日葵，但不是一朵，而是一片，一片看不盡的金黃。

朋友跟她在一起，愁苦會被她蒸發，動力會被她點燃，真的就像星雲大師說的「隨喜」、「和眾」。

自與余湘相識，我就喊她「姊姊」。很奇妙的，每次有事與她商量，姊姊兩字一出口，頓時感覺所有困難就像老虎變小貓，可以輕易馴服。我本來以為是她腦子聰明、處事精明、做人高明。後來慢慢體會，才發現她的成功不只是這「三明主義」，而是她的思維模式，就是她看事情、想事情、做事情的「球路」。

很多領導者，判斷力很強，主見很旺盛，說話時往往以「NO」開頭，不斷糾正別人，總是要把別人納進自己原來的框架。

還有一種老闆是以「YES」開頭，但接著便是「BUT」，「YES，BUT……」這算是前一種的變化球，基本上都不會進入好球帶。

這兩種老闆其實都很辛苦，他們像火車頭，自己能力越大，就能拉動越多車廂。但車廂越多節，也就拉得越辛苦。即便成功，也失去樂趣，兩兩抵銷也就算了，搞不好還得不償失。

而余姊姊的說話方式是以「YES」開頭，然後加上「AND」。就是你說出一個主意，她習慣先不否定，從你的主意為底，再尋找更多的可能性。所以她總是說：「這個構想很棒！我們還可以再加上……」你受到她的激勵，就會說：「太棒了！我們也可以再……」這樣一路下去，也許最後的定案已經完全修正或改變最早的構想，但你完全沒有被否定的感覺，你感覺你重新創造了新東西。

就是這種「YES，AND……」的球路，讓她事業再大，依然輕鬆不減，自在有餘。所以跟余湘一起共事，總是在互相稱讚之下，快樂完成。真是她的樂觀點亮了四面風，推動了麥浪，風車轉，帆船動……一切就這麼動了起來，造就成功。

造化有時很弄人，余姊姊在二〇〇八年只因彎腰一時大意，竟然有生命之危。幸好她的老公，傳說中的「吳哥哥」，日夜在加護病房守候，姊姊因此迅速復原。真性至意，聞者莫不動容。我說其實他們的真情，並不需要患難來彰顯。但這次意外讓我們看到兩個樂觀的太陽，加起來可以溶化任何危難，創造愛的奇蹟。

余姊姊康復得意外的好，我對她病後投入工作的狀態，也有點意外。我本以為她經此險關，應該會更珍惜生命，保留更多時間給自己。結果卻發現，她照顧朋友的心力，非但不減，反而更多。這讓我想起小時候外婆對我說的：「真正的慷慨，不是把自己多餘的東西給別人；真正的慷慨，是把自己需要的也分給需要的人！」

我的余姊姊是一山一山的果樹、是一樹一樹的花開、是一片一片的金黃……是暖、是慷慨、是希望、是人間的豔陽天。殿文兄現在以他敏銳的觀察、厚實的筆風，為我們道出余湘的精采，讓我們從中學習如何豐富人生、快樂成功的妙法。讀書就可輕鬆取得，別錯過！

【推薦序二】

余湘要出書

趙少康／中國廣播公司董事長

孫大偉曾經跟我說：「余湘真是了不起，是個奇女子，別人如果像她生了這麼大的一場病，一定會看破人生、看淡事業，甚至放空一切，只求安度餘生，哪會像她這樣，又買聯廣、又開新公司，比生病前還積極！」

我小學二年級時在台南市，得了讓群醫束手無策的怪病，在鬼門關轉了一圈，反而讓我以後的人生更放得開，不在乎得失，更敢拚，命都差點沒了還有什麼可怕的？凡事只要盡心盡力就好，其他不必太在意，我想余湘應該是同樣心情。

我注意到余湘在腦血管動脈瘤爆裂和前額葉出血大病初癒後更熱心公益活動，林正盛執導的《一閃一閃亮晶晶》，拍「亞斯伯格症」自閉兒的紀錄片，我受余湘力邀到威秀影城去看晚場，她親自在現場招呼來賓，我後來才知道她包了五場以示支持。我被她和影片感動，也在我中廣的節目中大力幫這部影片宣傳，獲得很大迴響。

我們每年都要結合熱心廠商，在歲暮年終時為一個公益團體募款，前年底是「伊甸」，去年底是「罕見疾病基金會」，余湘知道後立刻捐出一個名牌包要義賣，我才知道她根本早就是「罕見」的長期「百萬元級」捐助者。

我是半路出家參與媒體工作的，原來不認識余湘，可是一腳跨進這行後，聽來聽去都是余湘的名字。他們告訴我，如果孫大偉是「廣告教父」，余湘就是「媒體教母」。台灣一年廣告預算大概是三百七十多億，余湘手裡就掌握了一百多億。擁有這樣的「生殺大權」，余湘對人卻非常客氣、非常體貼、非常熱情，完全沒有「媒體教母」的盛氣凌人與咄咄逼人，剛過去的十二月三十一日，她就為朋友們包下了新開幕的「寒舍艾美」頂樓，從晚上七點到子夜十二點，除了吃精采的晚餐，還要看一〇一大樓蔡國強設計施放的煙火，這樣的用心、細心、貼心，怎麼不讓朋友感動？

余湘幾個月前邀我到南港展覽館參加Nu Skin的大會。到了現場一看，真把我嚇了一跳，上萬人塞滿了整個展場，余湘找了不少她的好友助陣，像白冰冰、何麗玲、鄒開蓮、汪用和……都來了，郝龍斌原來因選情緊張不來，余湘勸他：「上萬人的場子，才是你該去的地方。」主辦單位因郝龍斌來有面子，郝龍斌能向上萬人簡單演說，相得益彰。我看到這種場景，體會出余湘成功的原因。

余湘從一個銘傳學生在廣告公司當櫃檯總機小妹，一路做到跨國大廣告媒體公司總裁，是台灣廣告界的傳奇，給許多刻苦向上的年輕人奮鬥的方向及動力。我每天看到電台的櫃檯妹妹，都會想到余湘，想到這些小女生將來可能是電台的總經理。

余湘本身就是一部台灣的活廣告媒體史，從老三台獨霸到現在一百多家有線電視的群雄並起、百家爭鳴，從廣告界以前的創意獨大到現在的媒體主導，從紅木、潤利的掌控收視到AC尼爾森的引領風騷，余湘都在波瀾壯闊的浪潮中奮力前進，卓然有成。她身經百戰，而且百戰百勝，是新聞、廣電、大傳、廣告、創意、業務、行銷、企劃、公關的從業人員和學生都該深入探討了解的。

「寶瓶」要替余湘的奮鬥歷程出一本書，囑我寫序，我看這本書的大樣看得入迷，到了半夜還不肯睡。第二天在信義路開車時趁紅燈再看幾眼，被後面的車子「叭」，綠燈了，我竟忘了走，還被太太罵是負面示範，可見這本書多好看。

【推薦序三】

寫給熱情樂觀的余湘

林正盛／導演

我跟余湘同為台東人，且同屬四年級末段班。民國四十八年春天三月我在台東鹿野出生，同年年底余湘在台東關山出生。基於如此因緣，這篇推薦序文，我就從台東來說起吧！

台東，位處國境之極東邊境。長期以來稱之為「後山」，意思是中央山脈後面的地方。台東開發很晚，直到清朝領台後期才設縣治，首任縣老爺為胡鐵花（胡適的父親）。胡鐵花在軍隊護衛下，在泰雅族帶路下，穿越中央山脈來到台東。他一眼望去，感嘆言之：「窮山惡水，刁民……」胡鐵花初來乍到，雖如此嘆言，但卻也勵精圖治，立下了台東的初初發展。如今台東留下一條鐵花路，紀念著當年胡鐵花的到來任職。

而台東真正大規模的開發，就要等到日本領台時期，日本政府才大量鼓勵漢人移居，進入這片「後山」土地墾荒定居，在此繁延後代。而第二波大量移民，則是隨著中華民國接收台灣，分發到台東任職的軍公教人員，以及日後一些退除役官兵，選擇移民定居「後山」，許多也就在此結婚生子，繁延了後代。

然而，不管是清朝、日本、中華民國時期來到「後山」的漢人，都面對著一直以來就生存在這裡的多種原住民族群，有阿美、卑南、布農、魯凱、雅美、排灣……等等多元族群，而不同時期來到這裡的漢人又分為閩南人、客家人。最後跟隨中華民國來的被歸類為外省人。這些族群們生活在「後山」這片土地上，當然經歷了文化差異、生活方式、利益權利的衝突矛盾，在漫長時間裡慢慢地磨合，終而磨合出一種融合了多元族群文明而成的「後山文明價值」。

這種「後山文明」，是相對於強勢的「山前文明」，是長期以來處於邊陲，被主流「山前文明」視為化外之地，被疏忽被遺落，卻也因此少了被拘束被規範。因而「後山文明」是帶著野性的，是一種帶著天真熱情的不服輸精神，一種帶著夢想就敢去一招半式闖江湖的初生之犢不畏虎的勇氣。

余湘正是這種「後山文明價值」的典範人物。

余湘和我都是四年級後段班，童年經歷了紅葉少棒帶起的台灣棒球熱潮，青少年成長於台灣經濟起飛的年代。余湘是中華民國時期，分發到「後山」任職之軍公教人員的後代；我則是日本領台時代，大量移民「後山」墾荒者繁延下來的子孫；更有如胡德夫，他們的祖先早在幾千年前就生活在這片土地上了。

我們雖然生命背景不同，但我們都受到那個起飛年代的鼓舞，全心全意的嚮往著往外面的世界走去。那個被我們後山人稱之為「山前」的繁華之都，成了我們眼中的奶蜜之地。於是我們離鄉背井，因為關於人生美好的想像，似乎都必須去到「山前」繁華之都才能得以成就。說來俗氣，當時我們這些離鄉背井的後山子弟，都或多或少帶著一種「衣錦返鄉」的夢想。日後當要成就一番事業，要不成為很有錢的人，要不成為很有名的人。

我不知道余湘當年是否跟我一樣，懷著同樣的衣錦返鄉夢離開台東的？但我可以肯定的是，我們在這「山前」繁華之都，已然打滾奮鬥了三十幾年，算是走出了自己的人生，也成就了些人生夢想。然而當年那虛榮衣錦返鄉之夢，早就遠了，不重要了。如今回頭看來，當年那衣錦返鄉的虛榮夢想，其實是我們離鄉背井的最初出發的動力。

「林導，我也是台東人呢！」去年三月認識余湘，一見面她就爽朗的如此跟我招呼。這一聲爽朗招呼，頓時親切了起來。也許是這分同是台東人的情誼吧！讓余湘大力的幫助我《一閃一閃亮晶晶》的上片宣傳。在她的介紹下，認識許多媒體人，而得到許多的免費宣傳。

尤其是當明基友達基金會贊助我們兩百萬電視廣告費時，余湘更是發揮她在媒體的影響力，將兩百萬的廣告費發揮到四、五百萬的廣告量。

認識余湘愈久，愈瞭解以後，才知道她幫助我上片宣傳，不全然是同鄉之誼，而是她直爽開朗的個性，只要認為值得做的事就去做，而且做的非常自然，非常之理所當然，好像本來就該是這樣做的。就像是電影《攻其不備》裡的珊卓・布拉克一樣，覺得該做的事就去做，直接爽朗，熱情樂觀。

余湘就是這樣的一個人，一個成功的企業家。在她身上有著「後山人」那種野地裡生野地裡長，而擁有的一種帶著野性的熱情樂觀的生命力。於是一場病痛之後，她並未退卻，反而「打斷手骨顛倒勇」的再創事業高峰。

最後，我要告訴讀者們，在這本書裡有許多余湘待人處事的態度。在這些待人處事的態度裡，蘊含著許多人生成功的道理。這些道理我年輕時聽不進去，可我現在看起來，卻都深有同感。這些讓我深有同感的，就是余湘事業有成的祕訣。

這是一本有感情溫度的書，一本看到強韌生命力的書。

【推薦序四】

求變，應變，不變

陳飛龍／南僑關係企業會會長

前些時候，有幸成為余湘董事長的座上客，在這場約莫二十多位藝文界相當知名的人士參與的宴會裡。作為主人的余湘神采飛揚，她的表情、動作幽默風趣，無一冷場。席間，大家談笑風生，愜意自在，彷彿每個人都是今天的最佳男、女主角，重要且有看頭。於此，內心對余湘的佩服油然而生，讚許她在這麼多一方翹楚中，適時合宜地穿針引線、引領話題，更照顧到所有與會者。整個宴會就如同精采絕倫，兼具知性與娛樂性的節目，有笑聲、有深度、有和鳴，這一定也是當天所有與會者共同的感受！

在余湘董事長動手術前，我已認識余湘，此次在手術後舉辦的派對，讓我更深感：人生的路曲曲折折，但是每個轉彎處，似乎又別有一洞天。現在的余湘更見熱誠、更見光彩、更見明亮、更見透徹，也更覺她的影響力、魅力與散發出的無窮熱力。這些只要用心細細品嚐，都可以從這本書中咀嚼出來。余湘董事長經過一劫之後，對人生的態度已到另一境界。

個人沒有經歷過如同余湘在大病一場後，對人生及工作上，諸多的體悟、豁達與整頓分析，僅以虛長一、二十歲的長者，經歷歲月的淬鍊，在不同的時空，仍與余湘有相同的堅持、相同的霸氣，當然也希望有與她相同的溫柔之處。

個人是華僑家族，天生的血液就是流著「變動的因子」。猶記得當年逃難到大後方時，前一天傍晚還與我一起在甲板上打籃球的士兵，隔天一早，卻已中彈傷重不治，而原本士兵睡的床位，乃是先父休憩之處，因緣際會，隔天還能見著父親，享受父愛的安撫與疼惜。說起父親的堅持，當年毅然決然拋下在上海的事業——貿易、紡織。隨著國民黨轉進到台灣，幾經政局動亂，仍堅守在台灣發展民生日用品，實業報國，積極投入生產製造事業，務求提高生活水準、促進社會繁榮。

始終「堅持原則」是南僑傳承的圭臬。

我個人的堅持：南僑發展近一甲子，歷經台灣工業發展進程階段，在國民經濟起飛，同業之間，開始發展金融、房地產、通路物流時，南僑仍堅守四大相關——「原料相關、技術相關、通路相關、文化相關」，也始終在食品、飲食相關產業上深耕著力、務實強化本業，不把觸角伸進所謂「沒有相關」的高成長、高獲利的產業類別。

余湘的個性也貫徹「堅持」「堅守的原則」，從性格出發的個人職涯，到領導員工、服務客戶的態度，以細微處的溝通，獨領廣告業的精髓，所以成就了許多不可能的事蹟，也造就了許多人才，更贏得了客戶死忠的心。這點我覺得我倆是志同道合。

說起余湘的霸氣，她總是對我個人客氣有加，這應該是虛長幾歲的優勢。然，可想在電視圈媒體間，適時適度的霸氣一定是不可或缺的，仕此書中得見諸多著墨。而霸氣帶來的膽識，最主要的還是要有預見的能力，及對自我能力及影響力有十足的了解與信心。

這一點可以從書中，當年余湘在只有無線三台時，能以「觀眾與客戶的需要」為思考，支持有線電視台進來台灣市場，並認為有線電視台一定會起來。再者，我常對南僑專業經理人強調的「在地國際化、國際在地化」，而這也是余湘在成立「媒体庫」公司時，對外喊出的標語。不管是做節目、買廣告或是經營實質的生產事業，皆要深入了解當地的市場需求，這是成功的不二法門。余湘是成功的典範。

再回到餐敘上，表面看來，我們隨時都是「溫文儒雅」、「談笑風生」、「滿面笑容」，可是內心深處，我了解她對每一個細微末節都很掌握，並徹底堅持原則，隨時貫徹執行力，且由她自己以身作則開始。

個人有幸，時有機會在春筍般的各類出版書籍中，受青睞為人推薦。余湘的《我是余湘——CHAIRWOMAN》，因著余董個人的著筆點相異，個人寫來的推薦序，也有別於以往，少了點經營管理味，多了一點人生歷練的回味，以及多了一點從待人接物、工作生活中的體會。

人生的旅程，「求變、應變、不變」，曲折間，更有人生真章真味。期待此書能激勵每個人活出精采與美好。

contents

contents

第二章　正面思維

第三章　把挑戰當機會

contents

第一章

醒來之後

從二〇〇八年一場感恩Party說起

前《商業周刊》總編輯，現任執行長，也是余湘銘傳大學的學妹王文靜問她：「台灣約每三支電視廣告，就有一支由您經手，您下一個目標為何？」

「我希望未來電視上每兩支廣告，就有一支是我發的！」余湘不假思索的回答。

二〇〇八年最後一場Party，許多媒體名人選擇趕到了內湖的一家莊園餐廳，在氣溫不到攝氏八度的細雨之中，魚貫進入燈火照亮的晚宴大廳。

近五百位賓客們手上拿的請柬上面寫著：「感謝你們的愛，讓我可以繼續去愛。」

許多賓客是走在馬路上就會即刻被認出來的名人：于美人、趙少康、謝震武、黃仲崑等，另外則是八卦媒體最喜歡捕捉的政商名人：何麗玲、鄒開蓮、周守訓、何薇玲、雷倩等，不然則是才子型的螢光幕寵兒，如范可欽、孫大偉、王文華、郝廣才等。

媒體名人能夠吸引目光，媒體更決定許多人看事情的角度：台灣平均每一個人一天花在媒體上的時間是一百二十分鐘，其中看電視，高達了九十分鐘，佔據人一生十二分之一的生命。

賓客之中，更多的是一般人認不出來，卻是媒體界的重量級人物，包括了無線電視台、有線電視台的老總、台灣各大報社總經理等。不管認得出來、認不出來，這些賓客都有一個共同的特色：他們都是駕馭台灣媒體的人。

如果說，人們主要從媒體來了解這個世界發生了什麼事，拇指一按，電視是最直接的工具，所謂「電視主義」，就是指所有的知識、印象、價值觀都是來自電視影響，特別是對青少年成長的影響深遠。但是電視台的收入來源，百分之八十以上是來自廣告，所以，當節目不受廣告客戶的青睞時，這個節目就會從此消失。

今晚這場Party的女主人，就是協助客戶投資媒體的操盤手。

《壹週刊》稱她為「媒體教母」

一九九二年，當時擁有和訊電視、聯廣集團的和信集團，為了因應國際潮流成立的「媒體中心」，是台灣本土第一批媒體公司；一九九五年，台灣第一家外商「傳立媒體公司」成立，而這兩家媒體公司的第一任總經理，都是今晚宴會的女主人：余湘。

也難怪台灣發行量最大的《壹週刊》稱她為「媒體教母」，因為從資歷上來看，余湘是媒體公司發展史上的關鍵人物，台灣媒體公司一半以上的主管，都有和她共事的經驗。

從規模上來看，全台灣一年的廣告預算，大約是四百億台幣，而電視大約佔了四分之三，也就是三百億台幣，而這個女主人所經手的廣告量有一百億台幣以上。

有一次前《商業周刊》總編輯，現任執行長，也是她銘傳大學的學妹王文靜問她：「台灣約每三支電視廣告，就有一支由您經手，您下一個目標為何？」

「我希望未來電視上每兩支廣告，就有一支是我發的！」余湘不假思索的回答。

台灣媒體界過去十多年最大的變化，就是有線電視的崛起，台灣目前已有一百多個頻道，每年競逐三百億的廣告大餅。頻道愈來愈多，余湘的影響力也就愈來愈大。廣告預算大餅有限，誰來分配、如何分配，也就愈來愈重要。

如果說，客戶的預算大餅經由余湘來協助分配，那麼照理來說，應該是已分配到預算的電視台對於余湘充滿了感謝提攜之情，還沒有分配到的電視台則是望穿秋水、渴望甘霖，為什麼這一天晚上的Party是由余湘來「感恩」呢？

她最珍貴的財富

這場感恩Party籌備工作只有一個多月的時間。

原來余湘的生日是十二月三十一日，從「大病」復出恢復上班，直到接續完成「大病」前既有計畫的過程，大約忙了三個多月，當先生「吳哥哥」詢問她生日要怎麼過時，她才驚覺已來到五十歲的生日，從她「幾乎」變成沒有知覺的植物人到「重生」之際。

一名被醫生宣佈有可能變成「植物人」的台東女兒；一名作為跨國公司的女總裁、一位掌握台灣電視三分之一預算的女強人，該怎麼迎接「重生」後的下一個五十歲生日呢？

雖處於影視圈、名人圈、廣告圈，最錯綜複雜、名利現實的行業中，但是余湘從大病之後恢復知覺，不到兩百個日子裡，余湘深深感受到她身邊人們的關懷。

再多的金錢、再大的權力、再尊崇的頭銜，走過人生的轉折之後，余湘有了新的看法。回首這個競爭激烈的產業之中，家人、同事、朋友、客戶的愛，才是她最珍貴的財富。

她滿懷感謝，於是余湘決定把這「重生後的第一個生日」辦成一個感恩Party！

雖然只有一個月的籌備時間，但是數百張邀請函在一週之內有百分之八十回音，確定出席的人，主要有三類：對她關心的人、對她感謝的人和對她好奇的人。

關心她的人，迫不及待的希望利用每一個場合來表達自己的感受，就算沒有拿到邀請函，也會自己跑來，像過去雅詩蘭黛的客戶朱怡就是聽見了朋友談到這個Party，臨時就出現在會場，帶著小禮物來祝賀她。

感謝她的人，不管是媒體產業上中下游，有的來自電視台，有的來自廣告公司，有的來自長期合作的客戶，許多人甚至有直接競爭關係，平時王不見王，但是在二〇〇八年十二月三十一日這一天，他們都因為余湘的邀請而願意坐在一起。

對她好奇的人，不管是朋友、客戶、同事，都想看一看這位「媒體教母」在如此大的折磨下恢復狀況如何，聽一聽余湘如何發表自己的生日感言，對於即將來臨的新的一年有什麼雄心和預言，更想了解她未來的身體還能不能在這個競爭激烈的行業繼續馳騁。

在優雅的樂聲之中，余湘接過一枝一枝同事送來的玫瑰花走入會場，入座，這時余湘十八年的人生伴侶「吳哥哥」走上台向來賓致謝，並談及他在這段期間最重要的感悟：「生命是時間，時間用來做什麼最有價值？應該是去愛吧！」

在二〇〇八的最後一晚，更讓人珍惜每一刻的美好：一個眼神、一句話、一首歌，台灣雅虎奇摩亞洲區董事總經理鄒開蓮為余湘獻唱〈瀟灑走一回〉及〈感恩的心〉；于美人、何麗玲也唱了兩首台語歌讓余湘開心；范可欽和太太合唱〈天天天藍〉，希望余湘今後天天有藍天；黃仲崑也連唱兩首英文歌，當然群邑各公司的總經理及各級主管也上台，又唱又跳好不熱鬧，連GroupM亞太區總裁都以貓王姿態演唱的影片，為大家稱做媒體教母的余湘高歌一曲。

一再寫下傳奇

二〇〇八如風飛逝，也值得紀念，除了台灣政壇「二次政黨」輪替、中國成功的舉辦北京奧運外，對媒體人來說，金融風暴蠢蠢欲動，兩岸關係和緩，光明和黑暗同在，而余湘準備以「愛」來迎接，並且延續最近十年廣告媒體的最大傳奇：

第一項傳奇是，為什麼在過去十年逐漸邊緣化的台灣廣告媒體業中，余湘領導的公司卻可以逆勢成長，更成為外商以四千萬美元併購的目標？

第二項傳奇是，為什麼在競爭最激烈、人才密集的廣告媒體行業之中，余湘可以從一名總機小姐成為跨國集團的總裁？

第三項傳奇是，為什麼外商主導瓜分的台灣廣告媒體產業，余湘可以一邊在外商工作，一邊還可以擁有自己的本土公司，背後代表什麼樣的趨勢和訊息？

這些都是外界一再想追問的答案。過去一向低調的余湘，重生之後甚至比大病前更努力工作，不但繼續成立新公司，更大舉的併購，她也花更多時間，陪伴家人、參與公益、關心年輕人的未來，顯然她對於「成功」有了超越生死的覺悟。

一念三千，是一種生命的掌握，掌握了自己，也掌握了全宇宙。再短的生命，因果俱時。如果有一本書，讓更多人了解什麼是生命的能量，和財富、和權力共舞，卻能努力發現真正的快樂，讓更多人在生命轉折前勇敢前進……所以，二〇〇八年結束前一晚，余湘終於同意我用兩年時間，來寫一本她是如何追求快樂、美好、善良的書。

埋了二十年的深水炸彈

二十年來這種欲裂的頭痛相伴，余湘也早就習慣了。有時忙了一天，開車回家時一面左手握著方向盤、右手握著頭髮，不，拉著頭髮，試圖讓疼痛轉移過來，最後當然是徒勞無功。只是誰會想到炸彈這時引爆？

白色的水蒸汽彌漫SPA，這裡原本是放鬆身體、治癒身心的地方，有著輕柔的音樂、精油圍繞的氛圍，卻沒想到是承受命運考驗的開始。

余湘原本打算從溫暖的SPA起身，這一瞬間全身像是遭到雷電般的重擊！

那是二〇〇八年的五月二十七日，余湘剛剛忙完一個大案子。所謂「大案子」，不只是金額大小而已，而是過程更為複雜，從旗下集團三家公司如何協調哪一家公司出馬，到參加比稿，一直到合約底定，總共忙了兩個多月。

交代完後續工作之後，余湘覺得全身非常緊繃，她意識到了非放鬆休息不可，馬上請祕書預約了常去按摩的SPA，下班一離開辦公室，就直奔而去。

這一道重擊余湘的電流，就出現在SPA過程中的一次起身。電流直接從余湘後頸處穿過，痛到半邊身體不能動。SPA的服務人員趕快通知救護車，余湘還來不及修復放鬆就被抬進了醫院。

經過醫生初步診斷，原來是頸椎骨已出現骨質退化，加上長期的緊張，所以壓迫到了神經，如果不趕快開刀處理，未來可能會半身不遂！

有名的「模範生」

頸椎退化是「文明病」的一種，是指在辦公室裡少活動，使用相同一種姿勢過久所導致。一般的上班族，就算生活規律，但是因為忙碌，有許多細微的身體變化不易察覺。

在常常超時工作、應付突發狀況的媒體界，余湘作息正常的工作方式自成一格，也是媒體界有名的「模範生」，她的生活再規律不過了。

每天早上六點起床，散步、看新聞，用完早餐之後七點半到辦公室，第一個會議通常八點開始，九點開始回客戶電話，所有的應酬都排在中午，下午有時出門拜訪客戶，每天六點之前一定追蹤完所有工作，不應酬、不喝酒，更不用說抽菸了。

也是進醫院之前的最近三年，從二〇〇六年、二〇〇七年到二〇〇八年，從媒体庫到WPP集團，余湘掌管的業務從數十億變成了百億，而且還一直成長，是全球第一大廣告集團WPP業績成長最好的一塊區域，不因為台灣市場愈來愈小，就沒展現媒體購買應該有的爆發力。

具有決斷力的領導者，對自己身體也是如此。

進了醫院，了解病情之後，余湘決定馬上開刀，把受壓迫的軟骨部分重新換上，就在進醫院的隔一天，動手術在頸部放下了兩節人工軟骨。

命運的轉折，原來就像一節軟骨一樣易脆。不管有什麼樣的財富、多麼高的頭銜、多麼遠大的理想，當命運轉折，生命的能量突然斷裂，就像一節一節火車突然脫節，散成一段段不再前進的車廂。

軟骨放進後頸，余湘接下來在醫院休息了七天，讓頸部的傷口癒合。余湘飽足的先睡了七天，再移回家裡休養，沒想到回家休養第二天，接近傍晚時分又突然一陣昏眩，只來得及叫出聲就痛昏過去。

這一次不只是雷擊了，而是生命狀態最深處的一次爆裂。

余湘三哥女兒，也就是姪女貞儀，當時正好利用暑假準備照顧余湘，聽見余湘慘叫聲後趕來，並且馬上通知「吳哥哥」，是不是要送往住家附近的仁愛醫院。

「吳哥哥」是余湘的先生吳力行，媒體界和親友都這樣稱呼他，包括余湘自己也這樣稱呼她先生。

「必須送內湖的三總！」吳哥哥當時直覺判斷情況不單純，不是送到一般急診就可以處理的，吳哥哥之所以決定送三軍總醫院，是因為他是軍人家庭出身，許多親戚朋友都在那裡工作，所以更能掌握病情變化。

連嗎啡都壓不下來

救護車開往三總的過程中，余湘一直喊痛。在救護車上陪同余湘的姪女和乾弟弟鍾毅明，要求急救人員多施打一點止痛劑，沒想到救護人員表示，不但已經打了，而且所用的是效果最好的止痛嗎啡，施打的還是可用的最高劑量！

雖然車程不到二十分鐘，但余湘的痛楚連嗎啡都壓不下來，每一秒鐘都像一分鐘長。到了醫院時，吳哥哥已在那裡等待。經過了電腦斷層診斷之後，發現是「腦血管動脈瘤」破裂，而且位置是最深，就在眼睛正後方的蜘蛛網膜。那裡是大腦血液迴流轉彎之處，構造極其精密，加上腦血管動脈瘤破裂本來就非常危險，約有三分之一的人在發病當時死亡。

而剩下三分之二的發病者，又有三分之一在經歷手術後不治。簡單的說，十位腦血管動脈瘤破裂的病人只有不到三人有存活的機率。

而生存下來的人，三分之一會出現「失能」的後遺症，因為腦血管的病變直接影響到大腦的語言、思考、記憶和反應；也就是說，活下來的三個人，也很有可能會不正常。

腦血管動脈瘤破裂又大致分成腦血管「阻塞型」和「爆破型」，余湘是屬於後者。血管破裂後血液漫流，所以到底傷到什麼程度，只能先把腦部「打開」才知道！

後頸的二節軟骨，彷彿是一個大災難的開關，吳哥哥也在余湘二度住院的當晚，上網去查蜘蛛網膜血管破裂的相關資料後，才了解現況是如此的棘手，因為位置在腦部最深處，開完刀後還要面臨細菌感染、水腦症等的挑戰，吳哥哥也開始緊張起來，但他仍故作鎮定，拜託醫師盡力而為。

醫師說：「要有最壞的心理準備。」

執刀者是三總腦中風醫學科主任張成富。張醫師表示，腦血管動脈瘤是個特殊的疾病，可能與人一輩子共存，也有人在血管瘤爆裂時或手術後死亡，加上生長位置位於腦部深處，一般健檢也無法篩檢，是個不折不扣的「不定時深水炸彈」。

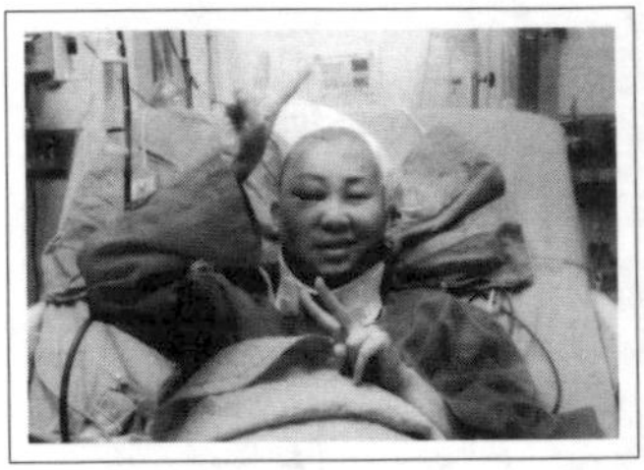

原來沒有不良習慣的規律生活，也可能隱含更深的危險。張醫師告訴吳哥哥：「要有最壞的心理準備。」

在進醫院之前，余湘對於腦內的這顆「深水炸彈」不能說完全渾然不覺。因為從她出社會開始就常感到頭痛，但找不出原因，這樣一過二十年，原以為是老毛病又犯了。

二十年來，這種欲裂的頭痛相伴，余湘也早就習慣了。有時忙了一天，開車回家時左手握著方向盤，右手握著頭髮，不，應該說是拉著頭髮，試圖讓疼痛轉移過來，最後都是徒勞無功。二十年來，一次又一次，靠著余湘自己的意志力撐過，只是誰會想到炸彈在這時引爆？

「南無妙法蓮華經、南無妙法蓮華經、南無妙法蓮華經……」開刀前夕，余湘的病房外傳來了徹夜的「唱題」。原來是余湘的家人，都是創價學會員的哥哥和嫂嫂們在病房外開始唱題，包括一向坐不住的小姪女，硬是靜靜的幫她唱題了八個小時。

妙法蓮華經簡稱「法華經」，所謂「唱題」，是指法華經信眾誦唱著《南無妙法蓮華經》之題，這是印度王子釋迦牟尼佛晚年在靈鷲山的說法，中文意為「妙法」，以蓮花（蓮華）為喻，比喻佛法之潔白、清淨、完美。

離上一次開刀僅十天，余湘再次被推上手術檯。張醫師有二十多年的執刀經驗，和第一次開刀相比，第二度開刀顯然氣氛凝重了許多，因為光是打開腦部，找到病發點已是一個大工程，還要處理血管破裂之後的血塊血漬，更不能保證處理完後就能恢復原貌。

手術進行了四個多小時，張醫師一度臉色凝重的走出開刀房和吳哥哥碰面。

「血管瘤的位置太敏感，沒有太大把握，只能盡力而為！」張醫師告訴吳哥哥，情況不是很樂觀，吳哥哥馬上意識到開刀團隊的信心愈來愈低落、手術快開不下去了。「醫師，麻煩你了，只要你盡力而為，不管結果如何，我都謝謝你！」吳哥哥為醫師打氣。

「好吧！我們再努力試一試。」張醫師回答，這一試又是兩個多小時。吳哥哥站在開刀房外安慰著余湘的家人，但他的心情也愈來愈沉，慢慢也不說話了。

但《南無妙法蓮華經》的唱題仍迴盪手術室外的長廊，《南無妙法蓮華經》被譽為「諸經之王」，明示眾生皆有佛界生命，信者相信唱題，正因為相信內在成佛的力量，眾生成佛，法華經明示不分貧富貴賤。

手術房門再度打開的剎那，余湘被醫護人員推了出來，張醫師一臉疲憊地告訴吳哥哥：「手術還算順利，接下來，就是把病人送進加護病房。等她自然甦醒。」

吳哥哥這才確定，沒有在手術檯上失去余湘。

典型的「余湘風格」

果然，余湘在昏睡了半天之後醒來，吳哥哥還很擔心余湘會不會什麼都忘記了，一直到余湘虛弱的舉起左手，比出了「勝利手勢」，接著告訴吳哥哥：「我的肚子好餓。」吳哥哥這才鬆下一口氣，接著轉身趕忙找張醫師道謝。

「你們不用謝我，要謝，就謝謝天上那一位吧！」張醫師說。

這二十多年來，張醫師看過幾百件腦血管破裂案例，每一次都盡心盡力，但最後結果真的不是他所能預期，人事已盡，也超越了人的知識所能理解，誠如事後余湘覺得，頸椎引起腦部動脈瘤爆裂其實也是一種幸運。

怎麼說呢？「如果事先就知道腦袋裡藏著一顆『不定時炸彈』，開刀的危險性又這樣高，要不擔心是不可能的。」余湘指出，正因為它就這樣爆掉了，而且是發生在自己開完頸椎手術回家休養的第二天，家人有了高度的警覺性，才能在第一時間馬上送醫。

「就因為沒有事先知道，反而不用煩惱了呢！」余湘說。當有人稱讚她真是勇敢，十天之內，能夠馬上面對頸椎開刀、腦部開刀兩項大手術。余湘心裡卻想，不勇敢又能怎樣？脊椎不開會癱，血管瘤都爆掉了，不開也不行啊！

這種思考方式也是典型的「余湘風格」：直接面對問題。問題來臨時絕不退縮逃避。總之，她不會自己嚇自己。

余湘從手術檯上歷劫歸來，吳哥哥也讓關心的親戚先回家休息了，卻沒想到余湘一位表姊突然對吳哥哥說：「阿妹還有一劫喲！」

在家族親戚之中，這位表姊過去常能預言一些還沒有發生的事情，只不過余湘和吳哥哥都不曾有過特別的體會，所以這位表姊提醒時，忙於張羅余湘康復工作的吳哥哥，並沒有特別把「還有一劫」放在心上。

醒了！

兩次腦部手術後，余湘陷入「重度昏迷」，正呈現植物人的狀況，但有個聲音一直沒離開她……

原以為是希望，卻是昏迷的開始。如何在人為各種表相世界中，看到自己的生命真相？就像余湘的腦部蜘蛛網膜的手術非常成功，家人都以為她避開了死亡，想不到接下來的「劇本」會這樣發展。

陷入「重度昏迷」

開腦六天之後，余湘再補做一個後續的小手術，比開腦手術簡單了百倍，卻讓余湘陷入了瀕臨死亡的「重度昏迷」。

原來，動腦部手術時，為了讓血管破裂之後流出的壞血和腦液順利引流排出，所以上一次開腦手術結束前放了一根引流管在腦前額葉，等到腦部運作恢復正常之後，再將引流管取出，這是醫學上常用且非常成熟的做法。

把引流管從腦前額葉中取出的手術，和前述開腦的手術比起來，簡直是輕鬆了百倍，因為引流管的位置、功能、大小都非常明確，講得更直接些，就是換一根管子的手術，醫生反而和吳哥哥等家屬說：「不用太擔心。」

吳哥哥還記得開刀的前一天，表姊突然又在醫院走廊問他：「阿妹一定要在這一天開刀嗎？不要明天開，行不行？」

但是，由於引流管必須儘早取出，不讓腦液的混濁度加大，而且手術房都安排好了，實在找不出理由不動手術，所以吳哥哥沒有再加深思，還是按照原定計畫進行引流管內置的手術。

但是當引流管內置手術完成，余湘並沒有如期醒來。

醫師取出舊的引流管，然後在同樣位置插入新的引流管的時候，竟然割傷了腦前額葉，造成腦內再度出血，這讓余湘陷入「重度昏迷」。

腦部再度出血？再開一次刀清除血塊嗎？

醫師搖一搖頭，不可能！五月二十七日到六月十三日這十八天內，余湘已開了三次刀，都是在關鍵部位，病人不可能再熬得過。

怎麼辦？再開一次刀，肯定傷害大於幫助。唯一的辦法，就是讓病人的腦部組織自行吸收。醫師說，只能等她自己醒來，未來的七十二小時是關鍵。

於是，余湘戴著氧氣罩被推進加護病房。醫生進一步解釋：「主要是前額葉再度出血，受到感染，如果繼續惡化，就算活著，也可能是植物人！」

寸步不離的「呼喚」

這時的余湘，已呈現近乎植物人的狀態。由於加護病房每天只能探訪三次，每次半小時，吳哥哥苦苦的央求醫院讓他二十四小時陪伴。「如果像你說的那麼危險，我也只有這一段時間可以陪我老婆，把我當作移動式的醫療器材，放在那邊就好了。」

也因為這樣才得到醫院特別通融，他才能二十四小時陪伴在加護病房的老婆。除了回家洗澡的時間之外，他都守候在她身邊，跟老婆說話：「老婆，我就在妳身邊，妳不要怕，醒來我就在身邊，我哪兒都不會去。」

這三天裡，他就這樣天天在她耳邊說話，希望把她喚回來。

後來余湘回憶說，在昏迷中，她曾經夢到了過去一位廣告公司的朋友，後來這位朋友自殺了，卻來到夢中和她相會，只不過彼此沒有說話；接著，她又看到一面白色的高牆，上面有很多小朋友寫的字，都是一些吉祥的話；她還夢見關公的像……更重要的是，她一直覺得有一個聲音，沒有離開她，讓她的魂魄沒有飛向另一光源所在。

余湘的生命在不同的世界間飄浮，從佛教的觀點來看，在生命的迷與悟之中，可分為十種世界：即人間界、天上界、聲聞界、緣覺界、菩薩界、佛界、地獄界、餓鬼界、畜生界、修羅界等十界，十界並非固定的世界，而是表現生命的境界，像人間界、天上界、菩薩界、佛界乃聖者之悟界，其他則是凡夫之迷界，亦即六道輪迴之世界。

當時有一位在醫院幫忙的婦人告訴吳哥哥，板橋林家花園旁有一間廟很靈，叫做「接雲寺」，因為這名婦人的先生曾經中風，導致四肢不能動，結果婦人每天都去求，祈求四肢至少可以恢復三肢，最後果真她的丈夫可以使用三肢，只剩下一隻手不便。

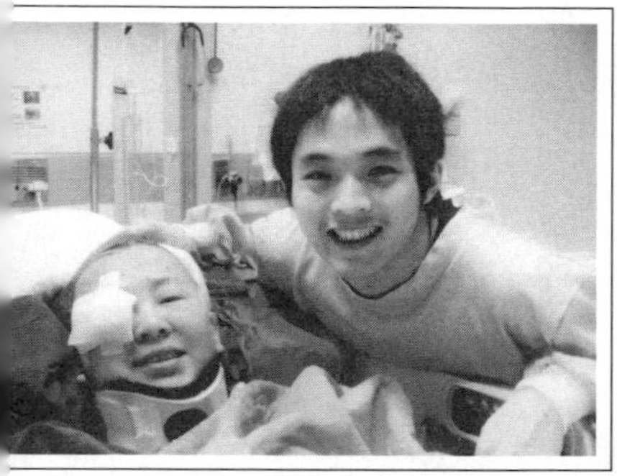

這位婦人鼓勵吳哥哥去廟裡參拜，並且詢問結果，好讓心裡有底，提早準備。

吳哥哥馬上飛車驅前，真的抽了一支上上籤，題為「羅漢面壁」，內容是：「閒來無事靜處坐，飢時吃飯睏時臥，放下心腸且自修，必定不遭殃與禍。」這也讓吳哥哥看見了希望。

慢慢的，有一個影像也回到了余湘的腦海中。一列火車，穿過了台灣東海岸的綠色山脈，她穿著白色制服，告訴自己：「我一定要成功！」

兩年之後，台灣《商業周刊》社長王文靜問她一個問題：「如果當初再也醒不過來了，妳最大的遺憾是什麼？」余湘平靜的說：「最大的遺憾是讓長輩傷心，白髮人送黑髮人，我不希望爸媽經歷人生至痛。」

而另一方面，經歷了生死交關，余湘開始體會吳哥哥過去為什麼想提早退休、追求自己生命不同境界的想法，但這也是從昏迷醒來之後的事了！

把媽咪牽好

當余湘還躺在床上時，吳哥哥就開始要兒子有心理準備。

「媽媽醒來以後可能就不是以前的媽媽，我們要把媽媽當成小女兒來養，像是妹妹一樣。」他對兒子說。

余湘昏迷的七十二小時裡，有時雙眼會張開，但是完全沒有意識和反應。這是時間的停格，也是余湘生命的停格。醫生很直接的告訴吳哥哥，就算余湘醒來也很可能是植物人，主要是因為第三次手術把引流管抽出時出血，已傷到了前額葉。前額葉是大腦中掌管語言、思考、動作的部位，一旦受損，就算會恢復，頂多只會恢復七成！像和別人交談講話、思考動作，反應都會慢上半拍。

因此，當余湘還躺在床上時，吳哥哥就開始要兒子有心理準備，媽媽可能以後連語言都要從頭學，行動也不會那麼自如。「媽媽醒來以後，可能就不是以前的媽媽了。我們要把媽媽當成小女兒來養，像是妹妹一樣。」他對兒子說。

眾人為她祈福

事實上，吳哥哥自己的心理已有準備，如果余湘醒來之後連言語、反應、行動都不行，那麼接下來生命的每一天，「我會每天把她從床上抱下來，坐上輪椅，走出戶外，一天曬兩次太陽！」

吳哥哥知道連「曬太陽」都已成「奢求」，希望老天爺至少給他這個機會，不要讓余湘從此沉睡。

在動手術之前，一直是職場女強人的余湘非常獨立，讓人覺得不太需要被照顧。余湘也善用每一分鐘工作，而且他們平時討論的話題也常是與工作相關，但是吳哥哥看到躺在病榻上的愛妻，他開始責怪自己，為什麼要「放任」她全心工作，吳哥哥此刻恨不得兩個人可以多花一些時間，做一些讓生命更美好的事。

這些想法，還在沉睡中的余湘當然不知道。除了吳哥哥的「奢求」之外，這段時間裡，許多親朋好友透過各種方式為她祈福，有人幫她吃素三十天，有人幫她吃素一百天，以前帶過的同事部屬也紛紛到廟裡幫她祈福。

余湘的好朋友，也是單親兒童基金會董事長黃越綏，甚至還因為到廟裡幫余湘跪著祈福，因為跪太久，起身都需要人家攙扶。

也是第七十二小時之後，余湘還沒有醒來，於是最早提醒吳哥哥余湘「還有一劫」的「阿姊」，對吳哥哥說：「讓我來試試看叫她吧！」

阿姊很清楚，每個人都有自己的因緣承擔，也要靠自己的生命力量來完成，早在余湘還在唸書的時候，「阿姊」就告訴余湘，未來妳的財富不是用保險箱來裝，而是要用一整座穀倉來裝。余湘的家族也都知道這位阿姊有一種透視前世今生的本領，也就是一般人說的「靈媒」，但是阿姊相當低調，不輕易和外界接觸，也絕不為了指點命運而收費。

阿姊輕輕走到余湘的床邊，先唸了一個小時的法華經文，滿身大汗，最後輕鼻在余湘的耳畔說：「待會兒如果有人來喊妳，千萬要應答，不要讓我漏氣喲！」

大約是第三天清晨，也就是第七十七小時，余湘似乎對外界反應開始有了知覺。

按照余湘後來的說法：「我先聽見了吳哥哥的聲音！」

余湘眼皮開始跳動，手腳也開始挪移，當余湘再度睜開眼睛時，吳哥哥高興得說不出話來。儘管還無法出聲、無法行動，但肯定的是，余湘不會一直「沉睡」了！余湘又在加護病房住了十天，醫師觀察余湘的各項生命指數漸漸平穩後，才讓她移到了一般的病房。

又住了兩個星期，余湘可以開口了。為了幫助余湘儘早回復健康和記憶力，吳哥哥希望余湘能夠儘快回到熟悉的環境。於是，他馬上幫余湘辦理出院，帶著她羸弱的身軀出院回家。

余湘為什麼會慢慢開始回想起來很多事情呢？

余湘認為，這和家人一直在她的身邊有關。即使余湘腦筋時常是一片空白，但是聽見熟悉的聲音，記憶會開始一片一片拼湊起來。

連上廁所都要人扶

為了達到記憶恢復百分之七十的目標，當余湘身體能夠坐直時，吳哥哥設計的「協助記憶回想課程」的第一課，就是「全家人一起打牌」。

過去只有在逢年過節余湘才會上牌桌，現在吳哥哥開始邀請家人平日也來家裡打牌。余湘回家的第一天，就坐上牌桌和家人一起打牌了。有時余湘出一張牌，要等五分鐘，但是家人全都耐心的等她出牌。哪怕是五分鐘的吉光片羽，等待的時間，如此得來不易，大家都十分珍惜。事後，吳哥哥從認識麻將花色開始，一張一張耐心的和余湘講解，從十六張麻將牌開始教起，而余湘也「認真的」學習。

或許也是從牌桌旁熟悉的臉孔，余湘慢慢的回憶起來自己過去是個做事俐落、反應快速的人，表現在牌桌上的反應愈來愈進步，抓牌之後，開始知道是哪一種花色，也叫得出「牌」的名字。

但是一下了牌桌，連上廁所都要人扶著，連吃什麼都要別人的照料。時間，是空白的；時間，沒有了意義。這個時間，就是生命。

而當余湘休息熟睡之時，吳哥哥則是每天開一個多小時的車，就只為了幫她買碗「聽說對病人很好」的魚皮湯。

第二個階段的復健課是「打電話」。隨著余湘的記憶力慢慢恢復，吳哥哥也希望聯絡更多的朋友，讓她可以想起更多的事情。余湘還記得，那時開始想要打一通電話，一定要先想好電話上要講哪些內容、要怎麼說，因為有時只要不照劇本演出，就會「卡住」。

比如原本計畫要找程懷昌說一些事情，如果電話那一頭表示，程懷昌不在，這時余湘就不知如何應對，腦中一片空白的「卡住」了，不會轉接別人的電話，或是問程懷昌何時回來，並且留言等。

這就像一台故障的電視機，有時畫面突然不見了，但是拍它個兩下又好了。不過隨著每天打兩三通電話給朋友和同事，余湘應對能力愈來愈強，兒子有一次聽到媽媽在電話中討論數字，興奮的和吳哥哥說：「媽媽好像完全好了！」

但是對吳哥哥來說，好不容易撿回來的生命，可不是為了要回去上班，況且，離健康的標準還有一段距離。「你們就忘了上班這件事吧！」吳哥哥告訴余湘和余湘的同事，這些多出來的時間，其實就是生命。

第三階段的回復訓練，就是余湘開始出門了。

吳哥哥開始扶著余湘，帶著「弟弟」到家裡附近公園散步。「弟弟」是余湘一手帶大的拉布拉多犬，原本拉布拉多就是智商最高、常被用來做導盲犬的品種，在余湘還沒有動手術之前，每次覺得工作疲憊不堪之餘，「弟弟」好像有一種敏銳的洞察力，常常貼心的靠在余湘身邊，也因為這種靈性，余湘把牠當作家人，是家中不可缺的一分子。

除了醫生的處方藥品之外，吳哥哥也借重中醫來復健。吳哥哥每天陪伴余湘到醫院針灸，再盯著她吃藥。

謝謝你們，如此愛我

三個月後，為了讓余湘心情更好，吳哥哥和兒子開始一起帶余湘去看電影。在擁擠的人群中，吳哥哥還叮嚀兒子：「要把媽媽牽好喔！」所以已經二十二歲的兒子，走到哪裡都會牽著媽媽，就連看電影也會牽著媽媽的手。

余湘身體雖然還不聽使喚，但感覺已先回來了，看見老公與小孩這兩個大男人與大男孩體貼溫柔的一面，這也是過去沒有時間欣賞的。

余湘自己很愛漂亮，余湘認為她開刀後樣子不好看，眼睛腫得像滷蛋，羞於見人時，吳哥哥會對她說：「腦筋比眼睛重要，妳不用太在意別人的看法。」

如果余湘中午安排外出吃飯，吳哥哥就把藥放到小塑膠袋讓她帶著，時間到了會打電話提醒她「藥吃了沒？」

這一切，余湘全都點滴在心，也因為經歷這個說來就來的棘手大病，更讓余湘覺得人世無常，和每個人相處都是一種緣分，也必須珍惜每一份緣分。

慢慢的，余湘雖然還沒有開始正式上班，已先和一些朋友聯絡。何麗玲就曾感慨的對余湘說：「生完病後，妳好像比以前快樂。」

回到公司上班的第一天，公司同事在電梯口排成數列。她一出電梯口，歡迎的掌聲響起，招待處、液晶電視上也貼滿「Sandra歡迎妳回來！Sandra我們愛妳……」讓人覺得很窩心，同事看到她還很心疼的哭了。余湘拍拍他們說：「不要哭，我都沒哭了，你們哭什麼？」

「生完病後覺得很快樂，因為發現身邊的人都很愛我。」一場大病，讓余湘發現自己原來擁有這麼多的愛，讓她認清了「人生無常，對人要更好」的道理，她也開始學習「活在當下」。

如果生命就是時間，這些時間要拿來做什麼最有意義呢？去愛。當然是最有意義的事。

聯廣，我回來了

瀕死後復生的余湘，石破天驚的買下聯廣，把媒體整合出這麼大的力量，范可欽說：「這在廣告界，已是動搖國本的事！」

余湘動腦部手術的前兩個月，擁有聯廣的中信集團就已經和余湘接觸，洽談收購聯廣集團的意願及事宜。當年的聯廣連年虧損，中信如果找不到人接手這個燙手山芋，就準備讓它「自然死」，但余湘第一次從手術房出來時，就叫中信等一等，余湘說：「對方也很守信，等我回來後才又復談。」

創下三個奇蹟

余湘離開聯廣十二年之後，又在大病後接手聯廣，這是聯廣第一個奇蹟。事實上和聯廣關係最密切的應該是WPP集團的對手凱絡集團。凱絡好幾個客戶的廣告都是聯廣代理，而凱絡的董事長葉文立更是聯廣前總經理，一個擁有客戶，一個擁有直接淵源，都沒有搶先接手，主要是聯廣一個月可以虧損三百多萬，一年就是四千多萬。問題是，又看不見反敗為勝的機會。

聯廣的確需要等一等余湘，而且是瀕死而後復生的余湘。

聯廣的名稱，也在中信和余湘取得共識下保留，而不是成立新公司來接手。聯廣的死與生，必須靠余湘的「接手」，問題是，余湘的東家WPP，又為什麼願意讓「聯廣」有一條「活路」呢？

這是聯廣起死回生的「第二個奇蹟」。二〇〇九年三月的《廣告》雜誌封面故事〈余湘買聯廣——經營權轉移始末〉中，訪問了曾在WPP集團工作過的資深廣告人蘇雄。蘇雄指出，以他對WPP及國際性傳播集團的了解，身為集團中高階主管，是絕不能以個人身分在相關產業投資，就算事先申請，通常也不會獲得同意的。

但是余湘從一開始和聯廣接觸，就完全讓WPP集團知悉過程。「如果WPP沒有點頭，我也不能買下聯廣！因為和WPP有競業條款的限制。」余湘回憶。

和WPP的溝通，的確花了余湘很多精力，包括WPP要求余湘若入主聯廣，不能和WPP集團內廣告公司搶客戶。而且從「產業鏈」上下游關係來看，聯廣未來也有可能是WPP的客戶，另一方面，余湘自行成立的2008傳媒行銷的媒體也必須經由WPP來發稿，等於是要付費給WPP作為收入，也讓WPP集團的勢力極大化，這點是WPP和余湘的雙贏。

而聯廣的第三個奇蹟，是和WPP共存共榮。從「佈局」來看，WPP和聯廣，又何嘗不是另一種國際與本土集團更緊密的結合？更重要的是，從「競爭」的角度來看，過去和聯廣有合作關係的凱絡媒體，是WPP旗下媒體公司在台灣市場上的最大競爭者，如果能夠透過收購聯廣，達到媒體業務轉移、進而提高業績，對WPP而言，不啻是一種正面的策略。

有趣的是，在收購過程中，余湘發現聯廣也有「限制」，因為聯廣與凱絡媒體間有發稿約定，除非聯廣易的「主」是WPP、OMD等大型國際媒體集團，此項合約效力才會自動消除。不過即使聯廣被各種條款纏住，余湘也沒有取消決定購買聯廣的方向，或是找WPP出面。

特別是善於處理本土客戶關係的余湘，選擇讓聯廣繼續履行與凱絡媒體的合約。也就是，即使業務暫時交給對手也沒有關係，這點讓許多人都很驚訝，余湘的理由很簡單，聯廣要證明自己有能力活下來。

動搖國本的事！

把WPP和台灣最老牌的廣告公司聯廣相加，這種「創意」連廣告創意人范可欽也佩服，但是范可欽最佩服余湘的不是創意，而是強大的「整合力」。范可欽感嘆的說：「你看她把WPP集團的幾家公司整合得多好！現在還往上游整合，買下了聯廣！」

余湘的「整合力」包括了「客戶的整合」、「人才的整合」到「產業的整合」。首先是在「客戶的整合」上。范可欽分析余湘的業務範圍有兩大特徵：第一是能夠橫跨各行各業，從食品業到政治圈無所不包；第二是不分藍綠、同業競爭對手，余湘都能納為客戶。

要能夠把各種客戶都廣納進來，做到「客戶的整合」，首先當然是實力，尤其是當媒體產業結構發生變化時。從無線三台獨佔到有線電視的競爭，從基層做起的余湘，實力就比別人超出一截；而且余湘廣結善緣，又能夠「公私分明」，這麼多不同的客戶願意跟著余湘，也是因為相信她處理事情能夠面面俱到，不論客戶大小都會給對方最大的利益。

其次**在「人才的整合」上，主要是來自余湘寬大的包容性，這是許多女性領導者沒有的特質，避開了女性一些常有的情緒化。**余湘的決策很宏觀，不會太注重細節，但做人又很細心，把朋友的事都放在心上，所以連像唐雅君這種一方之霸的女性，也會和余湘合作。

「很少女性領導者會先去思考我能為你做什麼，但余湘就是這樣的領導者！」范可欽說。當余湘從一般女強人變成產業領導者的同時，她發現自己可以做更多的事，是可以更上層樓的人，於是也訓練出一批一批的年輕幹部，整合出一批將才，成為她打天下的基礎。

最後是「產業的整合」。**余湘事業能夠愈做愈大，是把客戶的大小事都放在心上**。她不是一個會推掉困難的人，所以有更多的客戶想把生意交給她的團隊。余湘也買進更多公司，幫助客戶解決更多問題，這是余湘近幾年版圖大幅擴張的原因。客戶要找好的廣告位置、好的價格，都交給她的團隊。**余湘把併購學又變成一種服務、一種有創意的商業模式**。

范可欽觀察，余湘在做垂直整合時，又重新改造公司，找出服務客戶更完整的方式，像聯廣在她接手之後一年內轉虧為盈絕非偶然，所以版圖愈來愈大，把廣告整合出這麼大的力量，范可欽說：「這在廣告界，已是動搖國本的事！」

台灣市場太小，廣告載具太多，媒體版面又無限擴充，本來就是廣告人一大挑戰。2008傳媒行銷正預告了一種未來全新形式媒體公司的可能！

從2008復出

現任2008執行長郭育甫回憶，他在二〇〇八年九月二十七日離開原來的公司，余湘十月二日就和他碰面。

郭育甫和余湘其實相識超過二十年，早在進入聯廣公司前就已認識。余湘對郭育甫的能力很清楚，本來余湘希望他在WPP集團下的一家公司工作，但是郭育甫婉拒了，因為十多年都在外商公司工作的經驗，他發現很多時間都在應付老外，跑一些流程、報表，不然就是常有新老闆想要來了解台灣的狀況，對台灣整體營運沒有幫助，但瑣事卻更多。「我已不想幫老外打工。」郭育甫斬釘截鐵的說。

於是，余湘開始往創立一家全新的公司思考。十月二十四日，余湘取得WPP集團的首肯，決定新公司取名為「2008」，因為這一年是余湘從鬼門關復活的一年。

台灣廣告人的困境

「我那時知道郭育甫失業了，就開始想要如何找他來合作。」余湘表示，當時距離她開完三次刀後才三個月，但在二〇〇八下半年，她的身體已漸漸恢復，重回到戰鬥崗位，老東家**WPP**也逐漸放心。2008公司算是余湘復出的「第一彈」。

這「第一彈」在體質更加弱化的台灣廣告媒體產業中，顯得相當突兀，因為中國的崛起，過去十年台灣傳統廣告業仍然是首當其衝的第一波，廣告人才失業已成常態。

所謂失業變成「常態」，指的就是在持續的激烈產業變動重組下，台灣市場就這麼小，過去二十年栽培的廣告公司人才不外有四種流向：第一種是前往人生地不熟的大陸市場；第二是持續苦戰，等待被兼併；第三是轉行；第四是創業。

第一種人才流向以宋秩銘、莊淑芬、劉篤行為代表，不管是受僱於跨國公司或自行創業，如郭承豐等，都是挑戰大陸市場的先鋒部隊。

第二種人才流向如智得廣告的沈呂白等，乾脆就被過去的客戶大金空調併入，成為行銷部門，或是成為外商的兼併對象等。

第三種人才流向是，在市場大餅沒有增加，廣告公司以大客戶為導向，但大客戶如果轉移，員工就可能被迫轉行、轉型。

為台灣媒體人才打造新的可能性

第四種廣告人才流向創業之路轉型也多有所聞，不過像郭育甫重新進入一家以「行銷溝通」為主的公司也算是異數。郭育甫表示，2008雖是一家媒體公司，但是也多了廣告和行銷的服務，算是一種有彈性的、小型的Q版廣告功能的媒體公司。2008正預告一種未來全新形式媒體公司的可能。

全新形式的實驗？在日漸成熟的台灣廣告市場，郭育甫如何帶領2008展開新的行銷溝通模式？

郭育甫是聯廣公司出身，但也算是台灣第一批接觸到境外衛星媒體的廣告人。當年由於和信集團拿到了Star TV亞洲代理權，放眼未來可以進軍中國市場，但兩年後擁有Star TV所有權的李澤楷又賣給新聞集團，老闆變成梅鐸。當時郭育甫努力的讓Star TV獲利，像把日本偶像劇放在九點，就是郭育甫的傑作之一，從「一〇一次求婚」，到「東京愛情故事」，炒紅了「衛視中文台」的時段。

離開衛視後，郭育甫重回廣告公司，擔任電通揚雅廣告的總經理，後來郭育甫又接觸過戶外移動廣告，其中Bee TV的推出就是其代表作。這個主要在大眾運輸工具上，如公車或捷運等播放廣告的系統，由柏泓建構並有宏碁的技術支援。郭育甫還記得，當年從不打廣告的摩斯漢堡，用Flash做廣告，只選擇Bee TV，業績馬上明顯的增加！

事實上，台灣市場太小，廣告載具太多，媒體版面又無限擴充，本來就是廣告人一大挑戰，余湘就是認為像郭育甫這樣多元化背景的廣告人「失業」太可惜，因為未來的媒體行業正需要這樣的人才，才能滿足全方位的需要。

復出的「第一彈」

因為在余湘的觀點中，國際性的跨國廣告公司再大、再好，一些台灣本地的客戶絕對不會用國際性公司，主要有三點：一是溝通的節奏不對，誠如前述郭育甫提及，外商須層層上報，不一定趕得上本地客戶的市場需求；二是對本地客戶的需求不了解；三是跨國公司的會計管理準則，不一定能和本地公司接軌。

這些對WPP集團不利的情況，反而是余湘化劣勢為優勢的機會。余湘一方面了解本地客戶的需要，一方面向WPP反映，在不可能違反全球會計準則的情況下，又不希望流失的客戶跑到對手的陣營，WPP當然同意余湘成立一家友好的「新公司」，更樂見2008能和WPP有互補關係！

2008的成立不但解決了WPP本土服務的問題，也提供了人才發揮的機會，難怪連《廣告》雜誌都評論：余湘復出的「第一彈」，不同凡響！

沒道理做不到第一！

余湘是用個人的身分買下聯廣，背後既沒有財團的支持，也沒有客戶的策略聯盟，想要用個人力量來挽救一個本土市場排名十名之外的公司談何容易？

行經信義區安靜的社區公園，繁華的商業區和豪宅已被綠蔭阻隔，聯廣集團就在緊鄰台北盆地邊緣象山腳下的一棟二十層樓高的商業中心裡，慶祝四十歲的生日。

廣告教父孫大偉送來了發糕，各家電視公司送來了各種花籃，上面寫著：「祝聯廣集團，生日快樂！」

台灣五十年的廣告史中，有一家公司曾經創下十五年廣告承攬額第一，這家公司就是聯廣。

聯廣最年輕的董事長

就在這家公司四十歲生日的整整兩百天之前，余湘正式買下了這家公司，成為這家公司歷史上最年輕的董事長。

「我們同仁都是台灣第一流的廣告人，沒有理由做不到台灣第一！」余湘以聯廣「大家長」的身分，在生日蛋糕前自信的宣示她的「願望」，這也是她買下這家公司之後，第一次正式和集團所有員工見面，員工們得以近距離親炙媒體口中「廣告天后」的風采。

余湘自己也曾經是聯廣的媒體採購總監，那一年她二十八歲，從奧美廣告隨劉篤行來到這家歷史最悠久的本土廣告公司。他們那時理想十足，想把在外商學到的業務模式迫不及待發揮出來。

現在的聯廣集團旗下已發展成四大子公司，分別是：負責公關的聯太、市場調查的聯準等。四十歲慶生活動結束之後，余湘仍留在辦公室來回穿梭，滿足同仁的問題、對她敬仰的客戶，還有好奇的媒體。在聯廣集團的兩層辦公室裡有四間「總經理」辦公室，余湘在這四間辦公室都坐了十分鐘，和總經理們聊一聊下次開會的內容，才回到WPP的辦公室。

這裡離她WPP集團總裁辦公室只有二十分鐘車程距離，她隨時可以滑進聯廣的歷史之中。事實上，聯廣在賣給余湘之前，有廣告人背景與企業主身分的股東，近年幾乎已全數退出，只剩中信在獨撐大樑。

但沒有廣告人老闆的聯廣，這幾年依然還是聯廣，就像沒有Saatchi兄弟的Saatchi & Saatchi廣告，依然還是歐美廣告界的巨擘。評論家就指出，廣告公司換老闆，聯廣不是第一家，更不會是最後一家。廣告界人事迭起並不稀奇，但中信願意把聯廣交給余湘，而不是交給善於重整再併購的財務金融公司，說明了辜家的「期盼」。

從一九七四年，由當時的東海廣告徐達光創辦、部分國華廣告的人馬，加上留美廣告博士楊朝陽幫日本博報堂的牽線，以中國信託為主要投資者的聯廣公司，辜振甫是第一任董事長。

說聯廣的發展史是台灣廣告的發展史一點也不為過，從政界到商界，辜振甫的長子辜啟允也一腳踏進傳播業，竟發展出了和信媒體集團，是台灣最大的媒體集團之一。而聯廣在成立短短一年之後，廣告承攬額就成為業界第一，並且持續引領風騷到整個八〇年代，直到今天仍是本土的第一大廣告公司。

買下「燙手山芋」？

就像過去奧美廣告孕育了全球無數廣告人才，台灣的聯廣則是本土人才的搖籃，只是，余湘接手聯廣，仍舊讓人意外。

首先，媒體主導已是整個廣告產業的主流，余湘又何必「回頭」？

誠如《台灣廣告50年》一書所言：媒體代理商從原本只是廣告產業中的一個部門，變成了一個產業，而且幾乎就取代了廣告產業。在這場遠超出原來預期的廣告業價值的變化中，余湘早已是贏家。

一位余湘熟識的友人就力勸她：「你想要廣告公司，自己開一家就好，有更多人才會跑到你這裡，何必花九千萬買下這家公司？」

其次，全球廣告公司的整合，讓「傳統式」的廣告公司更無招架之力。像台灣市場早就是全球四大國際廣告集團的禁臠，客戶的廣告早就是由跨國集團的地區總部來決定。

再者，余湘是用個人的身分買下聯廣，背後既沒有財團的支持，也沒有客戶的策略聯盟，想要用個人力量來挽救一個本土市場排名十名之外的公司，談何容易？

誠如辜家將聯廣脫手的理由，廣告公司並非本業的投資，就算獲利也無助於集團的營收。媒體不但因全球化的競爭，加上科技變動快速，風險也愈來愈高。金融風暴之後，中信把聯廣賣給余湘，也表示台灣廣告業唯一由財團控股，且曾嘗試進入大眾資本市場的理想，如今已斷然破滅。

但是對余湘來說，她考量的想法只有一個：品牌。

在余湘的認知中，**「品牌的價值」是來自不斷的服務顧客而產生**。像聯廣能經歷四十年不墜，儘管不再是第一，但余湘深信這是一個有歷史品牌價值的公司。以聯廣過去的輝煌紀錄來看，已具備孕育人才的傳統，更有服務客戶的經驗和價值，這樣的想法果然很快在中華電信的比稿中得到驗證！

簡單的說，余湘認為如果你的服務對客戶有意義，你的品牌就有價值。「品牌是各種服務的全面整合。」余湘說。品牌不是名詞，而是一種動詞。

先有實力，再談運氣

十年前就有人看見傳播業應從「下游」往「上游」整合這個趨勢，但只有余湘看見，且敢做。這就是「膽識」。

余湘的「運氣」似乎很好。

正式簽約買下聯廣的第一個月，她在車上接到公司一通來自聯廣總經理崔中鼎的電話：「我們贏了，接到中華電信的案子了！」

中華電信是台灣最大的民營服務業，二〇一〇年營收約兩千億台幣，也是台灣排名第二大的廣告主，一年的預算高達五億多，是二〇〇八年金融風暴下少數成長的廣告主。要稱霸廣告業，不可能忽略這家客戶。事實上，中華電信比稿是全台灣廣告界最大的事件之一，全台灣前十大廣告代理商都會受邀比稿。

但是台灣前十大廣告公司中有幾家受限於競業條款，像奧美廣告已服務遠傳電信、電通則因為有台灣大哥大的客戶，自然無法參加比稿。所以為了要有足夠的競標者，當時排名十一的聯廣也收到中華電信的比稿邀請。

聯廣執行創意總監張怡琪記得，接到比稿邀請時，總經理崔中鼎很有信心的說：「我一直相信聯廣會贏。」

以「情感」打敗前十大廣告公司

當時，每一家受邀比稿的廣告公司都摩拳擦掌、精銳盡出。在比稿前一兩個月的時間裡，廣告業界有些公司開始評論及放話，包括哪家公司較有優勢、中華電信比稿內定進決賽的有哪些廣告公司等。

例如《廣告》雜誌就曾刊登，中華電信的比稿預測中，最有希望的是「達彼思」公司，而他們主要的威脅則是「智威湯遜」等。

不被認為是「一線」競爭者的聯廣，一直不在外界看好的名單之中。

況且「本土」廣告公司一向「低調」，不會主動造勢，塑造志在必得的氛圍，「但是我們很清楚，從過去做『和信電信』，到也是經由比稿取得的威寶電信，從2G到3G的豐富電信經驗，很少有廣告公司這麼了解電信業客戶的需求！」崔中鼎自信的說，這是

聯廣團隊為什麼一直認為會贏的原因。

除了「指定題目」外，比稿當天，聯廣額外接到兩個題目，一是「固網」何去何從；一是關於總公司品牌形象的建議。

中華電信是國營企業改制民營，由於早期是國營企業，有很好的基礎建設發展出各種電信服務，這是優勢，但也不免有包袱，例如「固網」服務就是一個最好的例子。

就在兩個小時準備歸納之後，聯廣團隊交出這樣的建議：固網的行銷策略應該鎖定在「情感訴求」的層面，提醒消費者即使時代改變，人類需要溝通的大感情是不會改變的，不宜只在價格或產品上著墨推銷，而是啟發消費者對中華電信的情感依賴，讓品牌定位屹立不搖。

中華電信對這個回答顯然是很滿意。之後，又丟出更多問題和聯廣討論，當然，這些問題同樣也會詢問其他競爭者。

後來聯廣才從客戶處得知，整個比稿過程中討論的深度和廣度，也是評分的重點。聯廣對於產業了解的深度，讓中華電信對與聯廣合作有信心。

比稿結果出來之後，有評審透露，某些跨國大廣告公司連基本的電信術語都不了解，像是NP，它是「可攜式門號」的簡稱，但有些廣告公司卻把NP當作News Paper來回答，以為是平面報紙的呈現問題，這讓電信公司嚇出一身冷汗。

對產業的理解，就是聯廣服務客戶時設立的「門檻」。事實上，這個門檻是聯廣四十年來持續建立的，除了電信業外，包括金融業、科技業、汽車業等，這些產業都具備極高的服務門檻，沒有相當經驗與實力，連跟客戶敲門的機會都沒有。

與其說是「幸運」，不如說待過外商與本土公司的余湘，已看見聯廣這家「本土公司」的實力。

女性的「膽識」

服務中華電信這種大型客戶，除了要了解電信產業本身，更要了解華人消費者及本土、國際的市場狀況，金融業也可見這樣的例子。例如台灣本土消費金融市場明明已經飽和，聯廣一樣可以給台灣最大發卡銀行中信金控公司滿意的服務。

「面對飽和的市場，更需要創意。」聯廣執行創意總監張怡琪以二〇〇九年大受客戶讚賞及擁有市場成效的「你有中信卡嗎」系列廣告為例，以連續劇為主軸、藉由都會男女主角在連鎖賣場、加油站、書店等優惠特店的巧遇，若有似無的男女情愫發展系列廣告。看來生活化的故事，卻一再提醒全台灣四百萬卡友本身擁有的權利，讓中國信託即使不增加發卡量，也能大幅增加卡友的用卡次數及消費額度。「因為我們對本地金融市場及消費者用卡習性夠熟！」張怡琪自信的說。

這樣的「創意實力」，其實早在二十年前就展現出來了。過去東亞國家跟大中華區的廣告CF都是台灣製作，發行海外。曾幾何時，中國變成了主導，台灣也不得不接受國外統一攝製的廣告。

在進入聯廣之前，張怡琪待過的全是外商廣告公司，從在BBDO、上奇負責P&G、Lexus等客戶，到JWT智威湯遜、陽獅等，她已經察覺到，「在中國市場的擠壓下，唯有本土公司才有開發創意的空間！」

等她進入了聯廣之後，才發現這家公司一點都不「本土」，包括有Traffic製管流程和製作部門，有台灣僅次於電通規模的圖書室。聯廣也是台灣最早有市調、最早有網路部門的公司，包括台灣首創的「E-ICP消費者行為大調查」、最早的「整合服務」觀念等，都是由聯廣濫觴。

聯廣深藏不露的實力，或許就是余湘「運氣」的來源。「我不知道余董是不是因為看見了聯廣的實力才購買，但我覺得，她很有膽識，而且我很高興，她是一個女性。」張怡琪說。

所謂「膽識」，是指傳統傳播業觀念裡從「下游」往上整合「上游」的趨勢，這個趨勢，張怡琪說，十年前就有人看見了，當時媒體是屬於廣告業下游的部分，即使已有人看見這個趨勢，敢從下游往上整合的人卻沒有出現過。「余董敢，聯廣就是她的。」

聯動，徹底動起來

他有時一天只睡兩小時，「這樣我們才能報答得了余董，她對我們來說是活菩薩！」他感慨的說。

一封大膽的求助信

二〇〇九年初夏的某一天，余湘接到一封信，是一家行銷公司的年輕老闆娘來信，希望余湘能夠投資她和先生經營的「移動行銷公司」。

原來這位年輕老闆娘記得二〇〇九年五月，她讀《遠見》雜誌一篇關於群邑集團董事長余湘的介紹，直覺認定只有廣告經驗豐富的余湘才是他們求助的對象，於是便大膽寫了一封長信，一方面說明了目前這家公司面臨的困境，希望余湘能指點迷津；一方面也希望余湘能夠投資掖助這家準備在大陸推展移動行銷的台灣企業。

余湘接到這封信時，對於方興未艾的「移動行銷公司」感到好奇，也了解「一對一」行銷的前景，於是就約見了這對從未謀面的創業夫妻。

所謂「移動式體驗行銷」，簡單的說，就是把產品直接搬到顧客面前，塑造一個體驗的環境，和過去以大眾媒體來做行銷的方式大不相同。

最走入大眾生活的廣告

一九九二年時，三十歲不到的「小夫妻」創立當時的W行銷公司，正是台灣第一批移動式公司的前鋒部隊，例如「W」就是第一個把染髮體驗活動帶進校園的公司，而三年前台灣彩券剛推出「刮刮樂」時，還委託「W」把大巴士改裝成「金豬號」，到處開來開去，直接走到一般大眾的生活裡。

余湘馬上請集團下所有總經理都來看這家公司的簡報，所有人都一致讚賞。主要是這種新穎的移動式行銷具備了三種優勢：

第一是直接而有效的得到顧客反應。

第二是移動式行銷僱用了實際講解的銷售人員，更能展現產品的特色。

第三是這家公司在第一線接觸許多的消費者，已累積了十年以上的經驗，了解第一線的銷售人員要如何應對、進退，工讀生要如何訓練，這些都是「W」的獨特優勢。

這對小夫妻沒有小孩，但是他們養了十多條狗，所以常互稱「小爸爸」、「小媽媽」。

儘管經歷了網路泡沫，創業不到十年，當時這對不到四十歲的小夫妻，就買了三棟一千萬以上的房子。

喜歡玩電腦軟體的「小爸爸」，最早是玩3D的模擬系統來看顧客使用美妝品之後的效果，十年前就和資生堂公司有合作，配合專業的美妝人員一起行銷，結果大受歡迎，不但成功的吸引顧客嘗試新產品，還拉抬當日的業績十倍以上！後來還結合了不同的護膚體驗券方式，讓舉辦活動附近的商店業績大好，包括了許多產品，如SK-II、萊雅等，也都和「W」公司合作。

二〇〇七年初，這對夫妻拍檔公司接到聯合利華集團旗下產品「麗仕香皂」的邀請，到大陸一起拓展移動行銷的市場時，這對小夫妻意識到以「一對一」體驗式為主的移動式行銷的大時代終於來臨，如果在大陸市場火紅起來的話，十三億人口的「一對一」行銷可能一百年都做不完！

小媽媽還記得，二十年前她第一次和後來成為老公的小爸爸約會時，他就曾問她：「你有什麼夢想？」在她眼中的先生就是敢追求夢想，也有執行力，更是勤勞不懈，很能吃苦，往目標前進的人，所以當大陸市場的機會來臨時，小爸爸全力投入，她並不覺得意外，甚至把台灣賺來的錢一千一千丟進大陸市場，因為未來的戰場已經開打，沒想到這「千載難逢」的機會卻差一點讓他們夫妻走上絕路！

大學時唸的是工業工程的小爸爸，創業之前曾在大陸水泥廠工作兩年，自認對大陸有一定了解，於是帶著美夢前進大陸。除了外商公司的專案之外，還開始接下大型國營企業的專案，原以為這些大企業的收款風險較小，沒想到最後不但收不到錢，還完全沒有意識到會全軍覆沒，因為他一直認為支票不能兌現，趕快再接下一個案子，把洞補起來。不輕易服輸的他，還把三名台灣最優秀的員工都派往大陸支援，但是洞「愈補愈大」。他投入更多的金錢人力，但收到客戶的帳款卻愈來愈少。

「主要是合約不清楚，缺乏經驗，又沒有優秀的財務分析人員來控管風險。」小媽媽分析了當時的狀況，在台灣坐鎮的她一直以為先生能度過難關。當先生第一次和她討論大陸的狀況時，只是表示需要更多的資金周轉，她還以為只是要幫先生多找一些重量級投資者，所以除了原有的股東增資，還寫信給余湘。

當第一次碰面時，小媽媽當面問余湘這家公司還有救嗎？余湘當時的答案是肯定的，並且準備投資評估，馬上請會計師核對帳務，但這才發現「W」的財務缺口何止千萬計，甚至是預期的六、七倍以上！會計師馬上示警余湘停止投資計畫。

原來，為了繼續在大陸接案，小爸爸早在和余湘認識之前，就開始和地下錢莊借錢，連太太也不知道，事實上，小媽媽也是在不知情的狀況下向親友、父母又借了許多錢，以為撐過去就沒事了，一直等到黑道兄弟出現在辦公室時，才意識到他們夫婦已身陷不明的黑洞，這已不是過去跑三點半就可以解決了，三棟房子已經賣掉了。人生過去再怎麼順遂，只要踩錯一步就沒有用！

「救命」的一通電話

「黑道每次來都開三部車，我還在他們面前下跪過！」小媽媽說。她沒有想到電視連續劇活生生的發生在他們面前，在擔心黑道連累親人的情況之下，他們夫婦決定一起解脫，所幸沒有小孩，他們也幫寵物找到了安置的場所，可是，這些跟隨他們十多年的二十多名員工該怎麼辦？於是她又提筆寫了一封信給余湘，除了推薦「W」這批員工是廣告界最善良，最能吃苦的員工之外，她也相信余湘一定是他們最棒的老闆。

八月八日那一天，小夫婦和父母及家人共進晚餐之後，兩人就買好了木炭，準備八月十日結婚紀念日那一天攜手離開人世。沒想到，八月九日那一天，接到余湘辦公室電話，希望再和他們談一談，因為余湘認為有一群好的員工，證明了這對夫婦是全心全力栽培員工、經營事業，就這樣「放棄」實在太可惜。

而小夫婦死意已決，卻還願意和余湘見面，就是怕余湘後來看見他們自殺的「報導」會有無端的聯想。沒想到這次見面，余湘表示不但願意承擔一切的「黑洞」，幫他們還清地下錢莊的借款，只要他們夫妻讓W「死後重生」，並且併入聯廣旗下，讓這些員工繼續工作。

這家公司就是二〇〇九年十二月成立的「聯動」。小爸爸表示，加入大集團之後，才了解更完整的決策模式和管理制度。經營事業不是光靠吃苦耐勞和理想就可以完成的，短短半年時間，就讓他看見不一樣的視野。他說：「這真是我們夫妻一個重生的過程。」

這對小夫妻中的小爸爸現在是「聯廣集團」一家子公司的總經理，這是聯廣最新成立的一家公司，服務的項目也是過去五十年來聯廣很少發展的內容，卻是聯廣集團成長「最衝」的一家公司，才成立的第三年就希望二〇一〇年六月，就能達成一整年業績，二〇一〇年還希望業績成長兩成以上。他有時一天只睡兩小時。「這樣我們才能報答得了余董，她對我們來說是活菩薩！」他感慨的說。

On point
d work
Gorgeous

是好朋友，也是好對手

王建民說：「從準備到出手，我練習了十六年，只有0.4秒可以懊悔。」黃麗燕眼中的余湘也是如此。

二〇一〇年，台灣《廣告》雜誌的「年度風雲廣告公司」選出了兩家年度代表：一家是李奧貝納，一家是聯廣廣告。

這是《廣告》雜誌創立以來首度有兩家公司同時入選，按照《廣告》雜誌的說法，這是因為兩家公司代表了台灣廣告產業兩種經營模式的新標竿。很有趣的是，這兩家公司的董事長是超過二十年的好朋友，而且還曾經一起奮戰，當時李奧貝納董事長黃麗燕在奧美擔任廣告ＡＥ時，余湘正好是負責媒體採購。

「**在余湘身上聽不見說NO。**」黃麗燕說。不管是二十年前做同事，或是二十年來做朋友，余湘是她在廣告界唯一遇到擁有這樣樂觀特質的人，這說明了**余湘「看事情的角度」和別人不同**，黃麗燕說：「她是我遇見最努力突破和創新的人！」

余湘對黃麗燕的評價則是：「我如果是客戶，就要Margret當我的ＡＥ！」Margret是黃麗燕的英文名字，早年許多奧美的媒體一聽到Margret就頭大，因為只要客戶提出要求，Margret就做得到。「她把客戶的要求，當作是聖旨！」廣告圈的人如此形容黃麗燕。

競爭讓成長加速

儘管她們兩人是多年老友，但是在商場上短兵相接時卻毫不客氣。例如：二〇〇九年，余湘接手聯廣之後，馬上搶下了台灣最大的廣告電信客戶中華電信，而中華電信原本就是李奧貝納的客戶，但是李奧貝納並沒有因為掉了一個台灣前三大的廣告客戶而氣餒，在二〇一〇年又以獨特的服務模式連搶五個全新客戶，這就是為什麼《廣告》雜誌一定要選李奧貝納為年度公司的原因。

黃麗燕在二〇〇一年進入李奧貝納，根據《動腦》雜誌統計，二〇〇三年，李奧貝納還是前十大廣告商中第七名，但是三年的時間之後，二〇〇六年，已成為台灣第一。李奧貝納最特別的服務方式，就是「不對外參加比稿」。也就是說，李奧貝納就算不對外比稿，以招攬或增加新客戶，業績還是可以成長，就是靠著服務領導品牌，讓品牌持續領先。

翻開二〇一〇年李奧貝納的客戶名單，只有十二名客戶，竟有六名是同業界的「第

一」，家樂福、海尼根、SK-II、麥當勞等都在其中。例如：二〇〇九年，王建民為麥當勞代言的廣告就創下了台灣廣告史上的紀錄，台灣《商業周刊》就指出，包括一天八小時內，用兩家製作公司、三位知名導演，拍春、夏、秋、冬一整年的廣告影片，「締造這項奇蹟的，是李奧貝納廣告公司。」《商業周刊》形容，李奧貝納不但贏了面子，還贏了裡子。

「有黃麗燕在，李奧貝納有這種表現我一點都不意外！」余湘輕鬆的形容這個多年的「戰友」黃麗燕，早在余湘在奧美擔任媒體主管時，就已領教過黃麗燕的厲害。

余湘還記得剛進奧美時，那時劉篤行分給余湘許多重量級客戶，包括沙威隆、桂格、青箭口香糖等，沒想到許多同事就幫余湘「緩頰」，說：「不好吧！余湘一定受不了，因為他們大多都是黃麗燕的客戶！」

黃麗燕是奧美的ＡＥ。所謂ＡＥ，是Account Executive的簡寫。負責廣告主的業務執行，黃麗燕手上客戶的媒體安排就是余湘來負責。許多同事都認為，余湘可能會受不了黃麗燕的工作態度，因為黃麗燕一向把客戶的要求當「聖旨」。

「她每天都來問我：啊！那個客戶要的版面訂到了嗎？那個時段喬到了嗎？」余湘回憶黃麗燕每天都會和余湘叮嚀，而不管黃麗燕要求如何的嚴格，余湘都做到了。和黃麗燕一起跑客戶時，余湘會觀察她如何全心全意，把客戶的要求當作是聖旨。當時余湘就感慨的說：「如果有一天我變成客戶，我一定要她做我的ＡＥ！因為她是真的全力投入。」

所以當余湘和黃麗燕合作了一個月，當其他同事問余湘對合作ＡＥ的看法時，余湘覺得黃麗燕的要求很合理。「因為她不是為了自己而要求，而是為她的客戶來要求！」余湘表示。

彼此刺激與互補

二十年多年前廣告公司中的媒體人員，只是按計畫購買媒體，但是有了把客戶當「聖旨」的ＡＥ，媒體也變得更有戰鬥力。當年余湘打破了電視台新聞時段的歷史慣例，幫客戶爭取多一個廣告缺口，當時的ＡＥ就是黃麗燕。黃麗燕這種為客戶「拚第一」到「持續拚第一」的氣魄，也讓余湘從ＡＥ身上看見，廣告公司人員如何和客戶成為命運一體。

不過比「為客戶拚第一」更讓余湘驚訝的是黃麗燕勇往直前的樂觀與自信。例如黃麗燕待的是純外商的廣告公司，但黃麗燕既不是英文底子很強，又不是ＡＢＣ華僑，但是她不只溝通無礙，更贏得外國長官的信任。有一次，余湘好奇的問她：「你在純外商做董事長，英文不好一定很痛苦吧！」

黃麗燕回答：「我英文哪有不好？老外都聽得懂，我甚至還和老外吵架！」黃麗燕舉例，有一次一個外國同事把責任推給她，她氣憤的對他說：「I didn't say you, how come you can say me?」（我都沒指責你，你還敢說我！）對方果然啞口無言。

還有一次，黃麗燕對余湘說，到美國出差，向老闆反映工作太多，害她都「便祕」了。余湘馬上稱讚她：「哇！你英文這麼好，還會說便祕的英文！」沒想到黃麗燕回答：「我哪知道便祕怎麼說，我直接說：『No Shit Out！』」

從自我要求嚴格到勇敢面對挑戰，是余湘在奧美ＡＥ身上學到最多的；黃麗燕也指出，**從余湘一路成長的歷程來看，證明了生命是掌握在自己手中，樂觀也可以培養，完全是自己的一念之間**，誠如麥當勞廣告中王建民的台詞：「從準備到出手，我練習了十六年，只有0.4秒可以懊悔。」

後來余湘開始經營廣告公司，從這個角度看，余湘和黃麗燕是最親密的好友，未來也可能最是棋逢敵手。

黃麗燕認為，余湘對廣告業來說，絕不是「威脅」，而是一股刺激和互補的力量！

第二章 正面思維

火車上的自由式

每次從台北坐火車回到台東時，看見窗外景致從絢爛歸於山野，原本被高樓大廈遮蓋的天際線，慢慢的被廣闊的天空和高大山脈取代，她心裡總是有一股聲音告訴自己：「我一定要闖出一番事業回來！」

Chairwoman的故事，從余湘離開台東之前就已上演。

台東，一般人稱為台灣「後山」所在，因為有好山好水，出了不少明星歌手和運動家，從張惠妹、胡德夫到范逸臣，以及柏林影展最佳導演林正盛等。運動家，如楊傳廣及職棒好手張泰山，更有名聞一時的紅葉少棒隊，倒是很少台灣的企業家來自台東。

一九八四年，當余湘離開台東前往台北唸書時，台東還是只有三十萬人口不到的縣市，民風純樸，市中心連一家百貨公司也沒有，前往台北銘傳商專報到那一天，余湘還記得，她上午八點從台東火車站出發，總共坐了十個小時的車，沿途經過了芭蕉園和防風林交織的遼闊田野，以及綿延起伏的大武山丘，到台北時，已是華燈初上。一日內，從綠色原野變成了霓虹閃爍，她感覺到夢幻人生的變化。

很有生意頭腦的余媽媽

余湘的三位哥哥都是在高雄出生，只有余湘在台東出生，因為余伯伯當年從高雄派出所調升到台東關山當分駐所所長。從高雄港調到台東是完全不同的世界，特別是台東許多原住民幾乎都講日本話，這反而讓余媽媽的日文派上了用場。原住民種植和打獵的貨品，大多委託余媽媽處理，跟平地人交換許多日常用品，余媽媽還會從高雄港特地運來很多舶來貨，包括洋菸、衣服等日常用品，和台東原住民交換。

這些貨品往來高雄和台東之間愈來愈頻繁，交通都是委託別人處理。余媽媽想，為什麼不乾脆自己來經營車行呢？於是余媽媽又把舶來品賺來的錢投資計程車行，在當年一部車等於一間房子的年代，余媽媽一度擁有十多輛車子。

「我媽媽在今天，一定是一個成功的女強人！」余湘說。雖然當時媽媽為了貼補父親公務員微薄收入而忙進忙出，做起生意，但也沒有忽略家裡小孩的教育，每天晚上一定幫四個小孩削完鉛筆、看好功課，隔天早上起得很早，甚至比隔壁賣豆漿的店還要早起，幫先生和小孩準備早餐和便當，余湘的大哥余濬一路唸到博士，余湘則是先在台東最強的游泳項目展開自己的人生。

台東的游泳為什麼會很強？主要是台東選手一年四季都能游泳，在台灣溫水泳池還很稀少的年代，這就成了主要的優勢，全年都能練習，所以台東的游泳選手有長達二十年的時間稱霸台灣泳壇，像許玉雲、許東雄等都是。

但是對選手來說，訓練是相當辛苦的。余湘還記得早上六點之前就要到游泳池畔，先做熱身運動半小時，再開始自由式游一千公尺，標準泳池長五十公尺，等於是游完了二十圈之後才開始正式的訓練。

連三哥都覺得游泳真的好苦

正式訓練包括五十公尺、一百公尺、兩百公尺的來回衝刺。余湘主要的強項是自由式和仰式，等到訓練完後，大約已經是八點了，游泳選手可以不用參加早自習、不用參加升旗典禮，用完早餐，直接到教室上課，這才開始一般學生的生活。

許多學生因為羨慕游泳隊學生不用升旗和早自習而加入游泳隊，但是加入之後才知道這麼苦。「當初我是游泳隊一員，所以也鼓勵妹妹加入，但是我因其他因素而放棄，沒想到余湘還能堅持下去！」余湘的三哥余淪感動的說。

游泳選手的另一項和別人不一樣的地方，就是四處參加比賽，兩三個星期沒有上課是常事。現任台東縣長黃健庭，正是余湘國中的同班同學。在黃健庭的印象中，這位「座號」在「前段班」的同學時常不在。

原來余湘唸的是台東國中的資優班，所以是採男女合班。黃健庭還記得全班正好四十六人，男生二十三名、女生二十三名，而座號是用成績來編號，男生成績最好的學生從「第二十四號」往後編，女生則是從「第二十三號」往前編，他記得余湘的座號好像是第三、第四號，其實就是女學生裡排名最後幾名，但是同學都很清楚，這是因為她有一半的時間不在課堂，只是如此一來，余湘和其他同學的互動就比較少。黃健庭對余湘當時的印象是很安靜，反而是兩人事業都在台北展開之後才熟絡起來。

我一定要闖出一番事業！

異地的比賽很辛苦，常常一到選手村就要開始練習，而且一天要比好多場。余媽媽還記得，有一次到泳池畔幫余湘加油，看見選手在最後幾公尺閉住呼吸，沒命的衝刺時，不免心疼得掉下淚來。

余湘的大哥一直很反對余湘游泳，其實余湘也不是真的非常熱愛游泳，**唸書時期的余湘只有一個單純的想法，既然決定做一件事，就一定要把這件事做好，所以必經的訓練她一定努力完成。「游泳對我最大的啟發，就是耐力和規律。」**

余湘說，她不算是天才選手，身材也不算高大，但是按照教練的方式練習到好，竟慢慢游出了成績。由於余湘對泳池畔的榮譽沒有留戀，所以上大學時，並沒有選擇保送。

余湘勉強考進了銘傳專科夜間部會統科，這對她來說是全新的競賽開始，而且一時間還看不見終點，她唯一能做的就是奮力往前。每次從台北坐火車回到台東時，看見窗外景致從絢爛歸於山野，原本被高樓大廈遮蓋的天際線，慢慢的被廣闊的天空和整片綠油油的稻穗所取代，她心裡總是有一股聲音告訴自己：「我一定要闖出一番事業回來！」

一定要做出一番事業、達到目標的感覺，就像余湘靠自己的方式學會游泳一樣。余湘還記得她走到游泳池畔之後，沒有人教她如何換氣、划動，但她觀察一陣子別人怎麼游之後，就走進池中最淺處站好，扶住池岸，開始往水深處走大約十公尺，然後面對池岸往回游。幾次成功之後，再往更深處再走十公尺，一樣面對池岸往回游。幾次成功後，就再往更深處；幾次成功後，就再往更深處……

讓人印象深刻的總機小姐

「你好，恆中廣告，請問你要找哪一位？」余湘以充滿活力的口氣接起每一通電話，但是她和別的接線生不同，她可以記住打電話來過的客戶語調，進一步認出是誰，順便親切的打招呼，讓許多客戶印象深刻。

十八歲高中畢業，按照一般拿到「全國優良運動員」的升學安排，一般都會選擇保送進入大學的體育系就讀。

因為高中三年幾乎都在游泳、比賽中度過，聯考分數自然不比全心準備升學的畢業生來得好。運動員幾乎都是選擇保送資格，這樣子就可以進入大學就讀，甚至可以進入國立大學；如果放棄進入體育系的優勢，就必須和一般學生一樣，選擇按成績分發，這樣游泳選手的成績就不一定會進入國立大學，甚至連私立大學都排不到，但余湘仍然選擇了後者。

嬌小的「全國冠軍」

「我從來就沒有想過要一直游下去。」余湘說。過去在唸書時加入游泳隊，就一直把它做好，也拿到冠軍，但是到台北唸書，她找不出什麼可以或需要繼續游泳的理由。

所以余湘前往台北市銘傳商專夜間部報到，開學當天，學校的游泳教練就很興奮的到教室找余湘，因為這位來自台東的游泳健將赫赫有名，還拿過全國冠軍，肯定會讓她們學校的比賽成績名列前茅！

當這名教練看到余湘時，余湘還記得教練有些失望的眼神，因為對於游泳選手來說，身材是最重要的一件事，如果身材高壯，就更有訓練的本錢，但是余湘和其他「全國冠軍」的身材相比，的確嬌小了些。

個子不高，讓教練對余湘能否更上一層樓多了懷疑，但是對余湘來說，來到了比台東還要大上百倍的城市，有更多的生活，更開闊的舞台等著她開展，反而能不能擔任校隊游泳主將，慢慢變得並不重要了。

專一第一年，余湘也和夜間部同學一樣，開始留意工作的機會，余湘慢慢退出游泳池畔，練習時間也減少了。沒想到第一次在台北發展，竟然是「機會」找上了她。

游出「敬業」的廣告

原來有一家來自紐西蘭的奶粉公司要打廣告，內容包括許多運動員擔綱演出，其中參與廣告的一名撐竿跳選手，是余湘班上同學的哥哥，他得知廣告一直還找不到一名游泳選手，便馬上想起妹妹的同班同學，也許是「適合」的演員。

因為按照廣告的腳本構想，畫面中有一名游泳健將，最好可以游得又好又遠又優雅，來代表產品可以給人充足的能量。廣告明星很多，但會游泳的很少，雖然這支廣告的篇幅不用露很多的臉，但專業游泳選手的身材可能太壯、長相又太剛毅，當廣告導演一直找不到合適人選時，看到身材較為嬌小的余湘時，目光為之一亮。

連試鏡都不用，廣告公司直接決定用余湘，余湘也沒想到她當年在台東練得水中蛟龍，竟成為能夠擔任廣告演員的優勢。

拍廣告的那一天，余湘回到了熟悉的游泳池畔，為了配合導演、攝影師的拍攝，余湘一趟一趟的來回游，往前游、往後游，自由式、仰式、蛙式、蝶式，讓導演大呼過癮，客戶也相當滿意。

儘管最後廣告成品中余湘沒有太多露臉，但當兩個月後這支廣告在全台灣放映時，余湘還特別打電話回家告訴母親：「媽，你要注意看那支奶粉廣告喲！那是我拍的呢！」

對遠在台東的家人來說，很難想像小女兒一到台北不到半年，就可以「拍廣告」，還可以唸書，心中頓然放心不少，一時之間覺得機會之神很照顧「鄉下小孩」。

而余湘一「游」成名，機會之神也沒有放過她。當時拍攝這家奶粉廣告的公司叫做「恆中廣告」，是李奧貝納廣告的前身，正好在找一名總機小姐，公司認為余湘幫了公司大忙，而且拍攝過程余湘既主動積極、又熱情，何不直接找她呢？

於是余湘搖身一變成了總機小姐，全公司的人也在一天之內都認識了她，大家很快都知道，那支奶粉廣告是恆中廣告總機小姐余湘拍的。

總是工作來找她

當時是台灣廣告業蓬勃發展的年代，國民平均所得剛剛突破八千美元，跨國廣告公司正準備大舉進入台灣市場。余湘看著辦公室裡的紅男綠女忙進忙出，為了客戶的產品銷售而努力。她覺得自己更要做好這一份工作。

「你好，恆中廣告，請問你要找哪一位？」余湘以充滿活力的口氣接起每一通電話。她和別的接線生不同，她可以記住打過電話來的客戶語調，進一步認出是誰，並親切的打招呼，讓許多客戶對她印象深刻。

「董仔，是你吧！雖然你變聲，我照樣聽出來是你啦！」余湘自信的回答。原來當時一名有成就的男性想追求公司的財務長，每每採用熱線攻勢，但是常打來也會不好意思，於是就用另一種語調來故意裝成別人的聲音，但還是被余湘聽出來了，可見得余湘對於她「經耳」的每一通電話相當有信心。

目前擔任七福傳播公司董事長廖婉池，就是在那個時侯認識余湘，她形容那時余湘雖然只是總機小姐，但是由於記性很好，總是記得訪客每一次來拜訪的對象和目的，那時廖婉池就很訝異怎麼會有一個年輕女孩工作這麼投入，如果日後一直待在媒體界，一定會有一番作為。

不到三個月時間，余湘幾乎認識了當時公司所有往來的客戶，而客戶交代什麼事情，余湘可以無誤的傳達給負責的業務；相同的，若是業務在等待的緊急電話，余湘也會在第一時間找到人。余湘的腦海裡好像有一本客戶資料，全公司都對這位「總機小姐」相當滿意。但不能否認，雖是公司的門面，但畢竟不是公司主要的人員。余湘為什麼還願意這麼用心記住來往的每一個人的口音呢？

「我那時抱持的信念是，**第一個工作，不會是永遠的工作**。」余湘回憶，**她當時認為，如果把第一個工作做好，讓別人更了解自己的能力，就可以有下一個工作的機會；反之，如果第一個工作沒做好，就斷了自己後面的路！**

正是因為余湘抱持著這樣的工作信念，很快「第二個工作機會」就來找她。當時恆中

廣告正好財務部門有一個助理缺，公司馬上又想到了余湘，於是公司讓余湘知道有這個職缺，因為余湘還是學生，所以公司只能用「臨時員工」的身分僱用她，問余湘願不願意。

對余湘來說，還沒有拿到畢業證書，來台北還不滿一年，就可以和台灣廣告業菁英一起工作，她毫不猶豫的答應了。余湘以「超齡演出」的方式正式展開了她的職業生涯。

一次就過

余湘記得提案之前，她的同事是如此「安慰」她的：「你不用太操心啦！反正這個客戶一定會折磨你好多次，第一次你就不要抱太大希望，這個客戶是不可能第一次就讓你過關的！」

在財務部待了半年，余湘主要負責媒體部分的財務工作，所以當媒體業務有出缺時，公司又是第一個想到她，她因此真正成為媒體部門的一員。

余湘記得，第一次到電視公司，是主管帶著她到電視台的業務部門「拜碼頭」，向電視台的業務人員介紹她這位新進的媒體人員。

離開電視台後，主管告訴余湘：「你明天就自己來吧！找一個地方坐著，看見不認識的人就發名片吧！順便認識一下大家。」

余湘很快就把名片發完了，也沒有人特別和她商談事情，余湘覺得就坐在那裡很丟臉。事實上，發名片只是讓別人認識你，當時在電視圈要談事情，都是在酒廊談，這也是電視圈所謂的「酒廊文化」。所以縱使名片發完之後，也沒有人找余湘談事情，如果不去酒店，簡直無處可去。

余湘又不敢直接回辦公室，而待在電視台的時間不夠久，太早回去又怕被主管唸，於是余湘只好先「躲」到電視台附近的咖啡館，她不想浪費時間，便帶著媒體方面的教科書充實知識。

這樣一來，電視台的業務人員對這位小女生的印象更深刻，因為她不像別的媒體人員喜歡哈啦、打屁、拉關係，辦完該做的事就離開，反而讓人留下專業認真的形象。

抓緊時間，充實專業能力

這段「不敢回公司」的時間讓余湘充實許多知識，使得她功力大增，所以第一次到客戶面前正式提案，就讓同事嚇了一跳。

余湘還記得提案之前，她的同事是如此「安慰」她的：「你不用太操心啦！反正這個客戶一定會折磨你好多次，第一次你就不要抱太大希望，這個客戶是不可能第一次就讓你過關的！」

為了這次提案，余湘每天提早一個小時到公司，晚上最後一個離開，而同事是好意提醒她不要把第一次提案的得失心看得太重，畢竟一位缺乏經驗的年輕媒體人員，要面對身經百戰的客戶市場團隊，一定要有低姿態的準備。

所謂客戶的「折磨」，指的就是客戶的挑剔。

「坦白說，當時連客戶會挑剔什麼都不知道。」余湘還記得當時提案的公司，正是當時台灣本土最大的一家消費性產品公司——南僑化工，從吃的到用的，從餅乾到肥皂，日常用品全部包辦，也是當時廣告量排名前十大的客戶。

除了因為不敢回公司而在「咖啡館」進修充實的知識之外，余湘也請教同事準備「預做功課」。有同事認為客戶會先挑剔價格，所以價格的計算很重要，也有同事認為，客戶在乎用什麼媒體來做廣告，還有同事認為，購買媒體的時間很重要。

當時這家日用品公司自己也成立廣告行銷部門，老闆自然對行銷有著深刻的見解，儘管不是老闆親自驗收余湘的提案，但這家公司老闆率領的團隊又豈是等閒之輩？

公司或許是抱著栽培余湘的心情，如果把她當成一次磨練，以後面對客戶的心態會更開放。

所以當余湘帶著客戶的合約回來，她第一次提案就過關，全公司大為轟動，負責這家公司的業務ＡＥ也嚇了一跳。

別人準備一個方案，她準備四個

原來，余湘準備了四個方案給客戶。

第一，是成本最低的方案。余湘把手上的案子以最低價格購買的可能全部算出來給客戶看，先讓客戶了解最節省的方式，及預算有多少空間。

第二，是播出次數最高的方案。有的新上市產品需要大量的告知訊息，所以需要鋪天蓋地的廣告播放次數來達到行銷目的，於是余湘乾脆準備一個完全以最高播放次數的採購藍本給客戶。

第三，是收視率最高的方案。也就是收看人數最多的方案，有時播放次數多，並不代表收看到的人數就多，因為牽涉到節目的收看人數、節目品質等，所以余湘也特別準備了一個播放次數不一定最多，價格也不一定最便宜，但是收視人數最多的方案給客戶。

第四，是余湘代表公司給予的建議方案。收視率最高，有時也不一定符合客戶需要，因為每一種產品有它特有的客戶群及收視習慣，余湘依照廣告的最高目標客層，特別排出了一個媒體採購方案，能夠在最節省的預算下，瞄準產品最主要的目標族群播放，還搭配主要客層收視率最高的節目，執行購買預算。

最後客戶採用了這個方案。

每次提案至少準備不同角度，是余湘初入媒體界的法寶。二十年後，余湘分析這個案例給學弟學妹或新進員工時就指出，四個角度的背後其實有三種效力：

第一是讓客戶了解你的專業度。藉由不同的工具準備，首先讓客戶認同你的專業度，不會因為看起來太年輕，而把你的意見先打折一半。

第二是讓客戶了解所有的選擇。有了不同的角度比較，客戶就不用從不同的管道來尋找可行方案，也很快了解決策的空間和時間，讓客戶對提案的豐富度和完整度更為了解。

第三是讓客戶了解你已做好了考慮。最後提出自己的建議方案，不管最後客戶有沒有採納，都讓客戶了解你已站在他的位置上思考過了，也許仍有未盡之處，但畢竟客戶有最後的決策考量，但是在提案過程中，已贏得了客戶的信任。

她把《電視週刊》都背下來了！

有了第一次就成功，化不可能為可能的提案經驗，余湘每次和客戶開會，準備得愈來愈充分，不但提案準備四個角度，連三台的《電視週刊》都全部熟讀，以備客戶的「隨堂抽考」。

原來，在無線電視三台為主的情況，當時購買的媒體就是以三台節目為主，提案完後，客戶有時會好奇購買的節目內容為何，最新收視率如何，這些資料其實許多都在三台每週發行的《電視週刊》之中，記錄著有關節目的播放內容及細節，每次當客戶問起購買的節目狀況時，一般媒體購買人員才趕快翻閱《電視週刊》來查詢，《電視週刊》就像媒體人員的「採購聖經」一樣。

但是余湘顯然不同。當客戶問起某一個節目的收視率時，余湘總是最快回答；當客戶問起最近哪一個節目的主角最紅時，余湘也能馬上回答；當客戶問起有沒有類似節目可以互相替代時，余湘也能馬上回答。「她是不是把《電視週刊》背下來了？」大家不用開會到一半停下來找資料，讓開會的思考和決策更有效率。

「和余湘開會最舒服了！」漸漸的在廣告客戶中流傳了這種讚譽。

一代女皇小露身手

在業部務「哭過」的媒體人，不乏今天已是廣告公司的主管，但是二十歲出頭就闖蕩電視公司業務部的余湘，可從來沒有淚灑過電視台，不管如何都是笑臉迎人。

有的媒體人，當場就哭了

「不行！不行！你不能殺我這一支廣告，這是客戶做Promotion的最後一天！這一天是要衝業績的，一定要上啦！」像連珠砲的聲音在嘈雜擁擠的電視台業務室裡響起，電視台業務人員頭不用抬，就知道那是余湘的聲音。

個子常被淹沒在其他媒體人之中的余湘，不管是音量氣勢、理由充沛等，從不輸人，有時電視台業務員要移動她的廣告位置，只聽余湘義正辭嚴的說：「不行！不行！你不能動它，這家公司上週才出事情，再不加強宣傳，你忍心看他們以後再也不做廣告嗎？」

反正，余湘就是有各種原因來掌控「Cue表」，許多媒體人也都有親自到電視台盯Cue表的經驗。每天下午兩點多到電視台業務部辦公室報到，確定客戶要上的廣告排上晚間最熱門的節目，或看著自己的廣告活生生從Cue版拉了下來，擠不上熱門廣告時段。有的媒體人，當場哭了起來。

在業部務「哭過」的媒體人，不乏今天已是廣告公司的主管，但是二十歲出頭就闖蕩電視公司業務部的余湘，可從來沒有淚灑過電視台，她不管如何都是笑臉迎人。「我記得每天都把頭髮盤在頭上，穿著套裝窄裙，腳踩高跟鞋，把自己打扮得很成熟！」余湘回憶。

在無線電視台時代，晚上時段一直是最主要的決勝戰場，因為從「新聞時段」、「八點檔連續劇」和「晚間戲劇」，都是集中在晚上三小時內，所有廣告商品也都希望排進這些節目的「Cue表」裡。所謂「Cue表」，就是上廣告先後順位的排序表。從排位到價位，或先或後，學問大矣。

一般說來，愈靠近節目本體的廣告，效果愈好，所以節目中間廣告時段的第一支，效果最好，因為觀眾還來不及轉台，很容易就看見。

第二靠近節目本體的，則是節目即將開始之前，廣告時段就要結束的最後一支廣告，因為觀眾經過短暫的休息之後，又準備開始聚精會神、準備收看電視節目之際，這時最後一支廣告，也容易讓人印象深刻。

通常每十到十五分鐘的節目，就有一段廣告，所以一個小時的節目，大概有四段廣告，如果是第一個廣告時段的第一支廣告，是客戶的最愛，也最熱門。通常電視台的業務人員會把第一段第一支廣告叫做「一段一」，由此類推，第二段的第一支廣告就叫「二段一」。如果節目有六段廣告，第六段的第一支廣告就叫「六段一」、第六段第三支廣告就叫「六段三」。

誠如上述廣告價位第二熱門的是最後一支廣告，如果是在第一段，業務人員就稱「一段尾」，如第二段就是「二段尾」，或是「尾一」、「尾二」，如果節目有六段廣告，就有「尾六」等，這些位置各有不同。**一位好的業務或媒體採購人員，必須把每一個位置深誌心中，為客戶爭取最大的權益。**

「以退為進」的高明策略

除了所有廣告開始的第一支，同性質客戶的廣告也要錯開。總之，**余湘在每天踏進**

電視公司的業務部辦公室前，自己一定會先做功課，客戶目前最新的狀況如何、需要強化廣告位置嗎、有沒有廣告需要分段的。

余湘記得有一次，她好不容易在眾多媒體中排上了當時最紅的八點檔連續劇「一代女皇」的廣告，沒想到在中視的業務辦公室裡，她接到客戶的一通電話：「我們的產品才剛出廠，現在鋪貨來不及，強打的廣告可不可以晚一天播？」

余湘一聽當場覺得可惜，好不容易才擠上的廣告，她一語不發、鎮靜的走回擁擠嘈雜的業務會議室裡，現場仍是為了排當天Cue表爭吵不斷，余湘也沒有馬上撤回廣告，仍盯住客戶在「一代女皇」上的廣告。

一直到「一代女皇」的Cue表實在擠爆了，電視台業務員無可奈何的看著余湘，於是余湘假裝勉為其難的說：「你今天廣告這麼擠，不如我先拜託客戶拿掉一兩支廣告，明天再開始強打好了！」這樣一來，電視台業務超秒的問題解決了，余湘的「臨時狀況」也解決了，不過余湘又對電視台業務補了一句：「不過，明天你要補給我更好的位置喲！」余湘成功的應用「以退為進」的最佳策略。

通常盯Cue表最常碰到的狀況，除了擠不上廣告，或是臨時要抽掉外，還有另外幾種狀況，例如：客戶臨時要上廣告，或客戶希望調整廣告位置。有時候某些電視節目的廣告時段本來就缺秒數，需要臨時補廣告。一名電視廣告業務回憶，很特別的是，余湘每次都讓大家皆大歡喜。

對余湘來說，每天下午遇到的各種狀況，媒體採購就需要發揮臨場快速決定的能力，**余湘是如何在第一時間就決定堅持或放棄。余湘還是一樣的答案：「平時就要努力做『功課』，了解客戶的要求是什麼！」**

絕對要給她多百分之五十的薪水

曾經擔任台視業務經理的錢巨霖指出，只要余湘開口，「我們一定全力幫忙，因為她常設身處地去幫我們想，所以有很多好機會時，我們就會想到她。」

媒體人典範

「成功的媒體人員不是看手上有多大的客戶，而是看她多會為別人想！」前台視業務組長錢巨霖說。

接觸過無數媒體業務，錢巨霖擔任過台視業務經理，那幾年廣告量最大的客戶代表是誰，那一年幫台視下最多廣告的媒體業務是誰，他可能都已忘了，但錢巨霖還記得余湘那時第一個上台視新聞的客戶是「大韓航空」。身材嬌小的余湘，是他眼中最好的一種媒體人典範。

能夠讓當時「權傾一時」的台視業務組長留下深刻印象的媒體人員真的不多，如果手上沒有大客戶，要別人重視更不容易，因為從民國五十四年，「台視新聞」開播以來，一直是台灣無線電視台的新聞時段代名詞，也是廣告滿檔的金雞母。

在三台時代，台視新聞的收視率一直遙遙領先，當時台視新聞播出時間，從晚上七點半到八點，許多人一面吃飯，全家一起看新聞。問題是，這隻「金雞母」早期也只有短短三十分鐘，而廣告也只有五分鐘而已；也就是說，能賣的廣告時間，其實只有三百秒。

要能買到這三百秒，不是昂貴的豪宅廣告，就是汽車大客戶，才能和負責台視新聞的業務員談得上話。對台視業務來說，這三百秒也是帶動業務的龍頭，每一秒都要創造更大的價值。

這三百秒，對許多廣告業者來說，當然是兵家必爭之「五分鐘」。這五分鐘通常被切為兩段，第一段是在新聞播出之前，第二段是氣象播出之前，而這五分鐘的三百秒，通常被切成一百五十秒各兩段，來放客戶要播出的廣告。

如果以「廣告效益」來看，「台視新聞」當然是第一優先。錢亘霖指出，當時每個客戶都很大，以台視業務組的編制有七、八個業務員，每個人手上都有十個左右的客戶服務。

每一個客戶手上的預算不一樣，訴求也不一樣。如果人人都想上台視新聞，豈不塞爆？連三萬秒都不夠！

但是身為台視業務經理的壓力，不只是新聞超秒的壓力，也有冷門時段的壓力。「雖然我們有很強勢的新聞，但是，我們要賣的『幅員』太大了！」前台視新聞業務組組長錢巨霖指出，電視台不是只有播放新聞，還要播放其他節目，而且從週一到週日，從清晨一直到半夜，這些時段的廣告都是業務部要負責。

特別是電視台對於一些冷門時段，這也是錢巨霖口中的「幅員太大」。廣告時段像是一大片土地，填也填不完！

於是，台視業務部門就必須有所選擇。錢巨霖形容，每天下午四點多在台視業務部會議室裡，公佈當天上台視新聞的廣告Cue表，有哪些廣告擠得上當天新聞，「就像大學聯考放榜一樣！」所有業務員萬頭攢動。當然，負責媒體的余湘也在其中。

充分了解電視台的需求

余湘代理的是航空公司，而且還是航班並不多的大韓航空，她卻可以用這一大片冷門的「土地」，解決客戶的需求，也解決電視台的問題。

當時台視業務部由錢巨霖接手之後，規則其實很簡單，要上台視新聞的廣告時段，主要看三項條件：一是看客戶大小；二是看客戶配合的方式；三是看媒體代理商的能力。

第一項條件，主要是一些長期大筆購買廣告時段的客戶，想當然是台視新聞的第一優先選擇。因為客戶愈大，就愈能長期購買廣告；反觀，客戶太小，可能一下子就消耗完客戶預算。

第二項條件，是客戶的「搭配方式」，這也是台視新聞廣告時段的真正決勝點。所謂「搭配方式」，是電視台用「熱門」廣告時段，搭配「冷門」廣告時段的一種方式。簡單的說，如果客戶買一檔台視新聞的廣告，如果同時也可以搭配一檔，甚至兩檔冷門時段的廣告，這個客戶就可以優先登上寸秒寸金的台視新聞時段！

對電視台來說，不只是電視新聞廣告滿檔，如果其他節目時段也能廣告滿檔，才會真正賺錢，所以如何填滿冷門時段，才是電視台表面風光下背後真正的挑戰。如果廣告不夠，「我們還要補檔啊！」

錢亘霖回憶，當時不只是常態性的節目，還有許多臨時出現的特別節目，像是「反共義士起義來歸特別節目」一個小時，就要六百秒廣告，各種國慶晚會、籃球賽等，臨時跑出來的節目，又要分不同性質去賣，才能夠填滿廣告！

再好的節目，半個小時廣告也只有三百秒。所以，從業務的觀點來看，想買台視新聞的客戶，不一定是好客戶；如果能「搭配」更多其他冷門時段的客戶，才是好客戶，所以負責媒體採購的廣告公司媒體部人員，能夠了解電視台的需求，不要「只揀好的」，還要了解電視台的壓力所在，才能讓合作更為長久！

想上台視新聞的第三項條件，還是要看媒體代理商的能力。像是每天下午「大學聯考放榜」時，余湘一定親自出現，幫她的客戶看Cue表，展現她盯Cue表的能力，哪一支廣告哪一天被拿掉，哪一天還可以再上，余湘都記得清清楚楚。錢巨霖也指出，只要余湘開口，「我們一定全力幫忙，因為她常設身處地去幫我們想，所以有很多好機會時，我們就會想到她。」

創造三贏，不是神話

原來，那時候電視台想要多開闢一些時段頻道，來拓展營收，於是想到了深夜時段製作「新聞節目」，滿足應酬完深夜才剛回家的商務人士，例如：「從台北看天下」、「熱線追蹤」等，但問題是，這種深夜節目的收視率剛剛開始，收視習慣還沒有養成，要把這樣的廣告時段賣給誰，真是傷透腦筋。

每天在電視台打轉的余湘，當然了解電視台業務的問題。另一方面，余湘的客戶是航空公司，航空公司的目標對象正好是對於新聞性節目較有需求的商務人士，於是余湘馬上向航空公司推薦台視的深夜性新聞節目，正好符合航空公司需要，因為大韓航空購買了「冷門時段」，更有資格購買台視新聞的「熱門時段」，這樣一來，航空公司、電視公司、媒體公司又是「三贏」！

這也是余湘漸漸受到電視台業務人員欣賞的原因之一。航空公司有大有小，而且外國的航空公司預算可能更小。錢巨霖指出，航空公司不是最好的客戶，但余湘就會幫業務人員思考，如何照顧到廣告量較偏遠的地方，不是用她手邊所有客戶的量來壓電視台，而會思考大家的長期關係。

台視總營收的百分之九十，就是來自廣告。錢巨霖當業務組長時，曾創下了連續五十四個月，所有電視台廣告量的第一名，就是他善於「填滿」每一廣告時段，而他升任副理之後，接棒者一直將這個紀錄延續到六十個月。

「**余湘有一個很重要的特質，她不會靠著背後有大廣告主來壓電視台**。我和余湘認識很早，如果要為她個人下一個標題，我會形容她是『善解人意，處處幫別人考慮到的好朋友』。」錢巨霖說。

所以當余湘從李奧貝納廣告公司到奧美時，挾背後有龐大媒體力量的錢巨霖還特別找當時奧美的媒體總監劉篤行，幫余湘談薪水。「絕對要比她上一個工作多百分之五十啦！」

創下歷史的破口

連一向好脾氣的錢巨霖都不耐煩的說，「大家都說不可能的嘛！」這時余湘靈光一閃，如果把三十分鐘的新聞再切兩段，是不是又多了一個「第一支」廣告呢？

大家都說不可能！

「大家都說不可能的嘛！」余湘記得自己當時也開始懷疑這樣的方法是否可行，包括長輩和朋友都勸她不要白費力氣了，台視新聞的廣告時段豈是她可以撼動的？

原來，是一向奉客戶要求為「聖旨」的黃麗燕有一天跑來告訴余湘，「我的客戶要上台視新聞氣象前的第一支廣告！」這名客戶是銷售金飾的「鎮金店」。預計在一個月之後推出最新一波廣告，於是余湘馬上打電話給台視新聞業務部門，詢問一個月後的台視新聞一支一的廣告時段，結果答案是這個「一支一」的時段，不但早在半年前就被預訂下來了，而且預訂下來的客戶是全球三大車廠、鼎鼎有名的豐田汽車！

作為台灣汽車市場的霸主之姿，豐田汽車的廣告力道一向強勁，包括旗下有多種車款都是主打品牌，論知名度、論廣告規模，豐田汽車都有絕對的優勢，更不用說早在半年之前就已大手筆預訂，這些都不是本地的品牌廠商所能及。

誠如前文提及，台視新聞不但是台視業務營收的金雞母，更是帶動全台視業績的領頭羊，所以每一秒都寸土必爭，就算余湘的拚勁和人緣再好，台視新聞的廣告也只有兩個第一支廣告，沒了，就是沒了。

更精確的說，台視新聞的廣告時段中有四支廣告，更是「目標中的目標」，分別是「新聞前廣告時段」的第一支廣告和最後一支廣告，「氣象前廣告時段」的第一支廣告和最後一支廣告。事實上，有些客戶在推出新產品時，鎖定台視新聞只是「基本功」，有時客戶還會要求媒體公司：「我的廣告一定要排在三台，都要同一天、同一時段，而且都是氣象前第一支。」

廣告一定要上三台、同一時段，等於是要把全國觀眾都一網打盡，只要你看新聞，就非得看見產品的廣告不可，這種情況每年都會發生，因為廠商推出今年度第一款新車、最新上市的飲料、大手筆的豪宅或是建案，都會以台視新聞為中心，大手筆的擬定廣告策略！

在這種情況之下，余湘只有三種選擇：一是說服客戶鎮金店放棄台視新聞這個時段，因為鎮金店怎麼和全球前三大汽車客戶比；二是說服已預訂時段的豐田，把這個時段讓出；三是從電視台下手想辦法。

打破20年電視台常規

知悉黃麗燕把客戶的要求當「聖旨」，所以余湘第一種方式考慮都不會考慮。第二種方式，余湘試了多種方法都徒勞無功。於是她就跑到當時台視業務組組長錢巨霖桌前大吐苦水，如何能夠幫助她的客戶。連一向好脾氣的錢巨霖都不耐煩的說：「大家都說不可能的嘛！」這時余湘靈光一閃，如果把三十分鐘的新聞再切兩段，是不是又多了一個「第一支」廣告呢？

原來的台視新聞只有兩個「缺口」，分別是新聞播出前和氣象播出前，現在如果多了一個「新聞和新聞之間」的廣告時段，不就解決了客戶要求第一支廣告的難題？

錢巨霖聽到了這個構想，半晌沒有說話，因為從廣告播放流程來看，只要業務部和新聞組協調，再請CM組把廣告片準備好，誰說不能多破一個口呢？新聞局好像也沒有規定三百秒廣告一定只能放兩個缺口？不過錢巨霖沒有馬上答應余湘，因為要改變，真的很難。除了難在發想，還難在誰能更改蕭規曹隨，難在改變近乎傳統的電視台「祖制」。

所幸錢巨霖也不是一個保守的人。余湘記得，整整兩個星期，「黃麗燕每天煩我，我就每天煩錢巨霖！」事實上，對錢巨霖來說，余湘這個「多一個缺口」策略，他愈想愈覺得對自己有利，因為多開一個口，台視新聞的廣告可以滿足更多的客戶，可以多賺一點錢，也解決了台視新聞廣告「人滿為患」的問題！

於是，錢巨霖直奔總經理室協調。台視新聞在一九九七年閃電決定，「新聞和新聞之間」將多一個廣告缺口。其他兩台隔天跟進！結果，更充滿戲劇性的是，這個新的開口比過去兩個開口更接近節目的位置，於是半年前就預訂好「氣象前」廣告時段的客戶，反而主動要求余湘想要換成「新聞和新聞之間」的缺口時段。

就這樣，余湘成功的打開二十年不變的台視新聞廣告時段缺口。台視的業務組長錢巨霖感嘆的說：「客戶為什麼要跟著余湘？就是因為她能幫客戶買到最好的效果！」

帥啊！小余！

「你移走我一支廣告，我所有的廣告都不上了！」余湘直接告知當天「百戰天龍」所有廣告都要移走，這下一來換黃寶生傻眼了！

強勢的電視媒體，加上當紅的節目，負責廣告業務的電視台人員安排廣告上檔應該無往不利吧！但是當年負責「百戰天龍」的業務黃寶生曾對同事感慨的說：「我只有一個人的廣告不敢動，那個人就是余湘！」

說起「百戰天龍」，許多五、六年級生都有一段共同的記憶：每個禮拜六晚上八點一定會守在電視機前，等到「台視影集，有口皆碑」的Slogan出現之後，期待的「百戰天龍」開始了。

「百戰天龍」從民國七十五年五月三日在台視首播，造成轟動，掀起「馬蓋先」熱浪，台視版配音員劉錫華先生把男主角「馬蓋先」的對白配得活靈活現，更以一句經典台詞「帥啊！老皮！」讓觀眾印象深刻；劉錫華回憶，有一天，台視導播桂文信興沖沖的告訴他們：「台視進了一部我很有信心能打垮其他兩台的同時段收視率影集！」

馬蓋先廣告「開天窗」？

桂文信說：「名稱雖還沒定，但應該會沿用『天龍』兩字！因為之前有一部成功的『天龍特攻隊』，同時廣告商是很相信『名字學』的！」而「百戰天龍」的播放，果然讓廣告商大為驚豔。

主要是因為馬蓋先四處冒險時，最特別的是他從不攜帶武器，利用的是他的沉著冷靜、智慧以及廣泛物理、化學知識，將身旁一些平凡無奇的東西化腐朽為神奇，成為克敵的武器；也因為馬蓋先在台灣太受歡迎了，許多學生每次看完後的下一個禮拜一就會到學校跟同學討論劇情。戲中的男主角馬蓋先（MacGyver）、鳳凰城基金會、老皮等等，成為再熟悉不過的名詞，甚至後來運動飲料「舒跑」還請飾演馬蓋先的Richard Dean Anderson拍了一部廣告，用一枚舒跑拉環幫美女修車！

「百戰天龍」在一九八五到一九九二年推出，影集當紅，收視率最高可以到百分之三十六，一拍就是七年。不過，在馬蓋先最紅的時候，卻有一個人敢直接「對抗」馬蓋先，險些讓馬蓋先廣告「開天窗」，這個人就是余湘。

力抗電視台的「強勢」

飲料產品一直是廣告大客戶之一，而深受各階層，特別是年輕人所喜愛的「百戰天龍」更是廣告商最愛，所以集集廣告滿檔，但是再怎麼熱，還是只有六百秒的廣告，所以每一秒都緊繃住廣告商的神經，所以當余湘在辦公室接到從電視台業務部門打來的一通電話，當場就對著電話筒大叫：「不是已經說好了嗎？為什麼臨時要抽掉我一支廣告！」當余湘得知有一個廣告上不去時，怒不可抑。這樣重要的時段，要她如何和客戶交代？

當時負責台視「百戰天龍」業務的是黃寶生，他也很「無奈」，畢竟他的確已和余湘講好，也答應了！但是到了星期六當天，才發現「超秒」的情況比他預期還嚴重。

所謂「超秒」，是指電視台一個節目有六百秒廣告，結果跑來了八百多秒廣告，比能上的廣告秒數超出了兩百多秒，但是大家都志在必得，於是在平均分配的情況之下，每一家廣告代理商都得「犧牲」一兩支，才可能解決電視台的問題。

當時余湘已經是奧美的媒體部經理，等於負責排播奧美所有客戶的廣告，只要是比較熱門的節目，余湘手上都有三百秒以上的廣告要上，所有客戶的權益她都有責任，少了一支都不行。

當時余湘的思考是，她現在負責這麼多的廣告，責任很大，要是電視台未來動輒就不守信用，此例一開，她如何面對客戶的信任？於是余湘決定主動出擊，一定要改變這種電視台「強勢」的做法，這才是對客戶真正負責任的態度。

余湘，我們相信你！

余湘此刻念頭一轉：馬上開始撥電話給三台業務人員，確定有可以取代的熱門時段，再撥電話給被馬蓋先抽掉廣告的客戶，先是道歉，再允諾一定會排一個一樣的熱門時段，收視率也很高的節目作為補償。

被抽掉廣告的客戶聽見余湘道歉，更提出解決之道，當然不忍多加責備。事實上，廣告臨時調動，本來就是常見現象，客戶多少也有心理準備。畢竟打廣告不是只打一個小時，而是一段時間的播放。

「沒有關係，余湘，我們相信你！」廣告客戶的諒解讓余湘精神為之一振，也更堅定「主動出擊」的行動開始，在得到被抽掉廣告的客戶諒解之後，余湘並沒有放下電話，反而繼續打電話給其他準備要上「百戰天龍」廣告的客戶，主動告知他們這一週可能廣告會有變動，但一定會有更好的安排，希望客戶可以諒解，而幾乎所有客戶的反應都是「相信余湘的處理」。

余湘的「主動出擊」，其實是冒著極大風險，等於是要所有客戶支持余湘，人家站在一起放棄這個最受歡迎的節目，甚至讓對手廣告平白拾走便宜；但是所有要上「百戰天龍」的客戶願意支持余湘，也是相信余湘會為他們帶來更大利益！

於是在客戶的理解和信任之下，余湘得知有一個商品的廣告上不去之後半小時，馬上回打電話給黃寶生，「你移走我一支廣告，我所有的廣告都不上了！」余湘直接告知當天「百戰天龍」所有廣告都要移走，這下換黃寶生傻眼了！

舉例來說，原本「百戰天龍」的六百秒廣告超出了兩百秒，但是余湘手上廣告客戶動輒三百多秒，現在一下子完全移出，六百秒反而空出了一百多秒，台視業務部一時之間還要去填滿這一百多秒的空檔，馬上忙得手忙腳亂，因為從來沒有一個收視率超過百分之三十的節目，要臨時找廣告來填滿。

「我所有人的廣告都敢動，就只有一個人的不敢動，她就是余湘！」負責百戰天龍業務的黃寶生說。這一次就把他嚇到了，也建立了遊戲規則，整個台視業務部都了解三十歲不到的余湘，只要敢做決定，就敢承受一切損失，也敢站出來「自己殺自己」的廣告。

冷門時段開始熱門

AGB Nielsen進入台灣，其實早就讓本土業者心生警戒，生怕國外的科學方法搶走市場，於是余湘就拿著AGB Nielsen的結果，向當時龍頭地位的紅木公司質疑：為什麼調查結果相差了這麼多！一次又一次余湘不鬆懈的質疑，終於成功的挑動「土洋之爭」的情結。

星期天下午，一般人會如何安排時間？會利用飯後出門找朋友聊天？去熱鬧的地方逛街？去郊外走走？或者實在無聊打開電視，看得昏昏入睡？對電視台來說，星期天下午本來就是「冷門時段」，特別是中午吃完飯後，很多人會選擇走出戶外，趁星期一上班前最後的假期到處走走，留在室內的人不多，選擇在客廳裡看電視的人更少。

把「冷門時段」炒熱！

所謂「冷門時段」，在二十多年前還只有無線電視三台的時代，收視率如果低於

「二十」以下，都算是「冷門」。星期天下午正是屬於這種「冷門時段」，而如果是下午三點到四點半，更是「冷中之冷」，前面兩點到三點，或是四點半到五點半的節目都還比較有希望。而余湘的創業之作，就是要把這個「冷門時段」炒熱！

「我記得當時同一時段，其他兩台的節目分別是京戲節目和一些重播的體育節目。」余湘回憶，當時華視的節目企劃部門告訴她，準備在這個星期天下午時段要開一個專放外國電影的節目，她覺得挑戰還是很大。畢竟西洋長片如果不好看，觀眾更容易睡覺。

但是華視當時企劃部經理陳剛信還是決定在這個時段播放洋片，並取名為「閃亮電影院」。

當華視把「閃亮電影院」的時段詢問余湘有無興趣「外包」廣告時，余湘的雙眼其實並不「閃亮」，因為從電視台廣告業務的考量中，這個時段本來就是一個「被搭配」的B時段，也就是要搭配其他熱門節目A時段，才賣得出去的時段，這種「被搭配」的時段，要成為「主產品」，實在讓一般廣告業務卻步。

再從余湘本身客戶考量，許多消費品的大客戶更希望能上到平日晚上或中午的時段，但畢竟這些時段人人想做。余湘自己決定創業，也只得從星期天冷門時段開始做起，於是余湘的第一次「外包」時段從「閃亮電影院」開張。

「**第一集，我一定要把廣告做滿！**」余湘告訴自己。要把這九十分鐘、九百秒廣告塞滿。這不只是面子問題，也要讓電視台業務部門刮目相看，更要讓廣告主覺得這是一個很有潛力的「熱門時段」，才有可能吸引更多客戶廣告下單。

於是「閃亮電影院」開播前兩週，余湘努力和過去很熟的客戶溝通，包括金頂電池、杜老爺甜品等客戶，也都答應全力支持。

打開「閃亮電影院」的第一季「菜單」，華視企劃部也採購了許多約翰・韋恩的西部動作片和經典名片，如「戰地鐘聲」、「齊瓦哥醫生」等，這也讓余湘對內容放心了不少。

「滿檔廣告」只是余湘表面上的策略，更重要的是，這個時段的「收視率」才是長期決勝的要素，決定客戶要不要長期購買這個時段。

台灣早期從一九八一年潤利公司開始提供電視收視率調查，當時調查方式是以大台北地區（含台北市、台北縣、基隆市）家庭為調查對象，調查方式是電話調查法，有效樣本約兩百至三百之間，提供大台北地區的收視率。

緊接著一九八三年，紅木公司成立，除了電話，也採用「日誌式」調查，就是把調查表留給受調查的觀眾，填好之後再交回調查公司。提供的收視率較詳細，因此成為廣告圈常使用的基本資料。

由於當時市場上這兩家調查公司並存，所以常有幾家電視台各說各話，宣稱收視率第一，其實大家所根據的資料來源不同，分析的族群也不同。

余湘深知，要讓「冷門時段」翻身，光靠老客戶支持是不夠的，決勝關鍵還是在收視率。她記得「閃亮電影院」開播前夕，她特別去拜訪調查公司的老闆，基於禮貌，她帶著許多「閃亮」的禮物，其中包括了當時最流行的勞力士「滿天星」鑽錶！

十月二十七日，華視「閃亮電影院」正式開播。余湘隔天下午就拿到了紅木的收視率調查，上面寫著：「百分之十二」！余湘看見這個數字，差點沒有從辦公室的椅子上跌下來！

誠如前述，在老三台時代，收視率二十就算差，更別說第一集花了很多廣告宣傳強片，竟只有十二，說明這個「冷門時段」有多冷。

如同所有成功人物傳記都能發現「天無絕人之路」。余湘注意到了有一家新進台灣市調公司的結果有如寒流中的一絲暖意，調查數字反而很漂亮，正好是百分之二十一，這家調查公司就是後來獨霸台灣市場的AGB Nielsen。

成功挑動「土洋之爭」情結

在潤利、紅木獨大的年代，AGB Nielsen一開始並沒有受到本土市場的重視。AGB Nielsen是一家跨國企業，在美國是依照統計局的人口資料，包括年齡、性別、種族、教育、職業、收入、居住等基本分布條件，以科學抽樣方法，等比例選取調查樣本，計算出的收視行為就是全美各電視網、衛星與有線頻道每日賴以維生的收視率。

AGB Nielsen進入台灣，早就讓本土業者心生警戒，生怕國外的科學方法搶走市場。於是余湘拿著AGB Nielsen的結果向紅木提出質疑：「為什麼調查結果相差這麼多！」

紅木一開始當然對余湘的質疑不為所動，調查公司龍頭的地位不容質疑，但是余湘也不放棄，每個星期都將AGB Nielsen的數字結果寄給紅木，紅木內部也開始更關心：為什麼調查數字差這麼多，難道真的是「外國月亮」比較圓？

余湘每星期都把AGB Nielsen的報表寄給紅木，成功的挑動「土洋之爭」的情結。三個月過去了，紅木的調查結果果然開始追上AGB Nielsen，第二季開始，甚至數字還超過了AGB Nielsen，收視率從二十一往二十五邁進。

事實上，AGB Nielsen從一九九三年，就率先自國外引進個人收視紀錄器（People meter）：觀眾僅須在收視開始與結束的時間點按下屬於自己專有的按鍵，其他一切全自動，包括偵測頻道與節目的變換等。

這種自動化的進步，讓收視率愈來愈競爭，也愈來愈準確。對余湘來說，收視率愈高，廣告客戶自然就愈滿意，願意投放更多廣告。「閃亮電影院」的影片也愈選愈好，這個「B時段」開始變成一秒難求。

電視台、廣告客戶、觀眾之間的「三角習題」，因為穩定成長的收視率開始了正向循環，在第二季結束之前，華視「閃亮電影院」的收視率有時可以達到百分之二十八。

這個數字雖然比不上當時晚間連續劇的熱門時段，但以下午時段來說，已稱得上「熱門」了。余湘更是可以自信的說：「我把一個B時段節目，變成A時段了！」

妹仔，有沒有廣告可以給我？

早年林柏川每次遇到節目秒數不夠時，就直接打電話給余湘。只要手上有廣告，余湘第一時間一定答應；如果手上沒有廣告，也不會因為怕得罪人而推託。余湘率直，讓算計太多的媒體圈變得簡單起來。

坐在放滿白水晶原礦石的辦公室裡，辦公桌右方是一面大電視牆，播放著八大電視台的六個頻道，八大總經理林柏川細數了五十年台灣廣告媒體界的興衰起落。右手掌業務、左手掌戲劇，到一路掌管八大電視台，林柏川絕對是台灣戲劇界傳奇人物。但他最懷念的一段奮鬥時光，就是為了衝刺電視台業務時，「妹仔」余湘總是他最放心的後盾，讓他能撐住整個電視台的盈虧成敗。

林柏川回憶，從報紙只有三大張的時代，媒體版面就決定了廣告成敗。林柏川那時在國華廣告負責平面媒體，所有廣告都想擠上那三大張版面，當時的廣告業根本很少有什麼比稿機會，主要是「公司」與「公司」的關係，沒有在有限的空間中練就掌控分配媒體的能力，就談不上是一個真正的媒體人。

一九六一年成立的國華廣告，被《台灣廣告50年》一書稱為台灣「廣告代理制度現代化的第一家公司」，一九七〇年代，快速崛起成為台灣最大的廣告公司，一大力量是代理日本新力、Seiko、三陽機車等廣告；一大力量是包租電視台的外製節目，如「五燈獎——田邊俱樂部」、「蓬萊仙島」等，當時國華廣告是台灣早期最大的人才庫，包括有名的廣告人賴東明、郭承豐、陳和協、沈呂白、黃春明、宋秩銘、柯錫杰、陳剛信等，都接受過國華廣告的磨練。

不欺騙、不隱瞞的做事風格

「**余湘對我的協助，就是說到做到。她能夠說到做到，是因為她對於媒體的狀況瞭若指掌！**」林柏川細數他和余湘超過二十多年的交情，從革命情感變成自然流露，就是因為彼此做事的方式很簡單，就是不欺騙、不隱瞞事情。作風明快，就不會耽誤到對方的腳步，長期下來，余湘能在媒體界有如此大的影響力，林柏川並不意外。

放眼台灣媒體廣告史，林柏川也絕對稱得上是一號人物。台塑「經營之神」王永慶、王永在投資他的媒體王國，很難想像當年他從國華廣告基層幹部一路做到電視台的總經理。「做這一行一定要有興趣，如果只想賺錢，千萬不要來！」林柏川叮嚀。

林柏川不是才華外露的媒體人，但是他能讓無數小生和花旦在電視螢光幕前發光發熱。從一九八四年在中視每週二晚上九點半推出的「創作劇坊」——「昨夜星辰」以來，當時收視率最高到百分之三十四，捧紅了寇世勳、陳莎莉，到後來的各種巨星組合，從劉德凱、恬妮、方芳芳、張玉嬿、艾偉、崔佩儀、顏鳳嬌和夏玲玲等群星閃耀，打響了他在台灣電視戲劇界的教父地位。連二十二年前，藍心湄跨行演戲處女作，演的就是八大總經理林柏川製作的戲劇「追妻三人行」，林美好這個角色奠定了藍心湄的星途！

要成功，就要學她

余湘形容，林柏川打開了晚上九點半這條線，等於是打開了全新的家庭主婦和現代女性的行銷時段。而好的媒體內容和好的媒體安排，才能讓廣告的力量完全發揮出來。

從市場的需求來看，因為七點半新聞時段、八點檔連續劇，女性其實都還無法暫歇，一直等到家人用完晚餐、整理完內外，才算可以好好看一下電視，更不用說身兼內外的職業婦女了，當時所有的女性廣告都搶著要上「創作劇坊」的時段，就是因為感性又有緊扣人心的劇情，正是產品建立品牌印象的絕佳機會，而以往電視劇常在佈景上省錢，別人用過的舊景，拼湊之後將就著用，但林柏川曾讓一場客廳景花掉了七十萬元，來打造視覺效果。

「我的廣告幾乎都擠得上創作劇坊的時段啦！」余湘不諱言林柏川對她的力挺。然而從林柏川的角度來說，要不是余湘廣告客戶對他的支持和預算，他也無法整合出最好的導演編劇、群星聚集。早年林柏川每次遇到節目秒數不夠時，就直接打電話給余湘：「妹仔，有沒有廣告可以給我？」

只要手上有廣告，余湘第一時間一定答應；如果手上沒有廣告，也不會因為怕得罪人而推託或拍胸脯保證。「我只要誠實告訴柏公沒有辦法，他絕不會生氣！」余湘說。

對林柏川來說，為了做出好東西本來就要承受壓力，但是和余湘合作，卻可以讓他的壓力減少很多，因為余湘的直率，讓複雜而競爭的媒體圈變得簡單起來。林柏川感慨的說：「這個行業太亮麗、算計太多，余湘是這個行業的榜樣，要想成功，就要學她！」

讓外商客戶也能「天天開心」

余湘的一句話提醒了他們：「看大眾娛樂性電視節目的人，不覺得自己水準低呀！」屬於美國金百利集團的舒潔衛生紙，便成為台灣電視史上第一個把廣告下給台語午間節目的外商。這一下，就不得了。

「時間咻一下就過去了！」這是當年家喻戶曉，「天天開心」系列節目結尾時的固定台詞，誰會想到這個節目竟播出了三千多集！

「天天開心」系列節目一共播出十四年、三千多集，這是台灣電視史最值得研究的個案，也是華人媒體史上難以撼動的紀錄。這背後有余湘的幫忙，也有**余湘教外商「跳出來看事情」的創意**。

當時負責「天天開心」業務的和展影視股份有限公司電視製作人徐嘉森，至今還活躍影視圈。徐嘉森認為，不管再紅的節目，觀眾還是會一直要求加入新口味、新內容，節目才能走得下去，廣告商才會支持。不換新口味，觀眾流失了，廣告商廣告慢慢的離開，節目就會被換掉。

十四年不墜的高收視率

從這個角度來看，當年創下台灣電視史上壽命最久的節目「天天開心」，以一個中午時段、閩南語發音的節目可以播出十四年還不墜、沒有被其他節目取代下檔，說明了這股來自觀眾的支持力量相當強烈。

以目前台灣電視生態來看，一個節目播出超過一千集，也就是三到五年左右已算非常厲害。徐嘉森分析「天天開心」系列存活的三大原因：第一個原因，是深入民眾生活、展現親和力。過去三台的許多節目內容都正經八百、說教成分濃厚，但是「天天開心」的主持群包括了卓勝利、司馬玉嬌、石松、黃香蓮、黃西田等，每集主持人通常是兩男一女，這些甘草人物型主持人的輕鬆對話，就像左鄰右舍的隨和語言，而有別於大多數「大雅之堂」的節目，讓許多家庭主婦在忙碌了一個上午之後，心情得以舒緩輕鬆一番。

第二個原因，是展現民間文化。像「天天開心」的節目穿插了許多民間的傳說、鄉野素材，這些是過去八〇年代綜藝節目、連續劇都很少用的題材。最有趣的是，每一集節目結尾時，主持人都會用一句閩南語的金玉良言或勸世警語，進一步用一般民眾的語言來闡釋其中含意，也提升了節目的可看性。一九九〇年九月，當時總統李登輝還召見主持人石松等，嘉勉他們「要為保留台灣文化繼續奮鬥」，李登輝並希望將「天天開心」節目中每日三句的鄉土俚語出書，後來果然也出版了。

第三個，也是最重要的原因，還是廣告商的支持。很難想像許多擁有國際品牌的外國廠商，在台灣電視開播的前三十年，根本不願意上台語節目的廣告時段，因為這些外商認為，台語的收視觀眾主要是在都會之外，和許多產品的品牌形象不符，一直到**余湘打破了這個局面，成為台灣電視史上第一個把外商的廣告下給本土節目的媒體商。**

一句話改變一切！

「我那時就注意到天天開心的收視率了！」余湘說。那時她很納悶為什麼這個節目收視率這麼好，一直維持在二十五以上，特別是這個節目在中南部非常受歡迎，許多家庭主婦都固定收看，一定可以給廣告客戶帶來更大的效益。

但是當余湘第一次和外商的客戶建議時，馬上被潑了一身冷水。不是收視率高就一定能把品牌打好，因為節目內容和格調，很可能會拉低品牌價值，反而失去消費者認同。

按照廣告學的理論，消費者的確會把自己的形象投射在品牌之上，這點余湘可以接受。但問題是反過來看，就算是格調很低的節目，觀眾及閱聽人可不會認為自己的格調低。余湘認為，應該回到客戶的本質利益來看，這些客戶認為格調不高的人難道就不用衛生紙嗎？更何況這些家庭主婦是採買日用品的主要決策者。對日用品的客戶來說，「天天開心」這樣的節目可是千載難逢的好機會呀！

不過，時空背景回到當時外商迅速攻佔的廣告業界，廣告公司的決策人員都是高學歷、外商訓練下的菁英，他們本來就有一套邏輯訓練，對於平時不常看的節目更容易有偏見，余湘的一句話提醒了他們：「看大眾娛樂性電視節目的人，不覺得自己的水準低呀！」

一名外商廣告公司的人就指出，**余湘很會跳脫立場來看事情，這是她為什麼能夠提供很多創意給客戶的原因**，於是外商也會被她的「大膽」所說服，屬於美國金百利集團的舒潔衛生紙，便成為台灣電視史上第一個把廣告下給台語午間節目的外商。這一下，就不得了。

因為余湘建議客戶進軍這個從未被開發過的午間觀眾市場，特別是中南部市場，誰可以率先穩固的打入，就能成為真正的第一品牌。

於是「天天開心」也成為第一個有外商廣告的本土節目，而果然沒有讓客戶失望，舒潔衛生紙播出之後一週內銷量顯著的上升，其他外商也馬上跟進，包括餅乾、洗髮精、飲料等，原本「天天開心」只有兩個廣告缺口，大約是三百秒的廣告秒數，結果最高紀綠超到六百秒！

同樣的情況，也發生在新聞資訊節目中視的「今夜」。當時晚上十一點到十二點的節目幾乎是零計費的節目，因為沒有人認為這個時段有觀眾，而「今夜」這個節目內容主要是把當天發生的新聞大事，重新整理一遍，讓夜歸的人可以很快了解每天的大事。

徐嘉森認為，這雖是一個全新的時段，家庭主婦休息之後，對許多男性來說，卻是一個吸收訊息的重要時段。於是他馬上尋求余湘的支持，果然余湘馬上敏感的意識到又是一個帶動客戶產品的機會，於是包括汽車、酒等客戶馬上利用這個時段大做行銷。另一方面，台灣電視史上夜間新聞的節目也開始站穩了腳步。

第三章

把挑戰當機會

謝謝，我不接受慰留

我要更努力、更用心，在最短的時間拚出成績，要讓大家知道，余湘離開奧美，不是余湘的挫敗，而是奧美的損失。

進入廣告人的「聖殿」

如果你還不到三十歲，卻已在一家業界最有名的跨國公司擔任主管職務，和頂尖的人才一起工作，如果需要忍受一些「不公平」，也是應該的吧？

余湘是在進入這家公司不到兩年就碰到這樣的問題。一九九〇年，余湘前往奧美廣告集團報到。余湘記得到奧美上班的第一天，就被公司風格鮮明的裝潢，富有創意的辦公室隔間所吸引，加上一流的客戶，余湘感覺自己「終於來對了地方」。

一九八六年，台灣因為落實經濟自由化，宣佈開放市場，不到兩年時間，全球前十大廣告公司都到了台灣報到，奧美也是其中最積極的公司。

和其他廣告公司比起來，奧美本來就歷史非凡。奧美是美國最大的廣告公司，從一九八五年就進入台灣，先和國泰集團合作，成為台灣第一家合資廣告公司。奧美創辦人大衛・奧格威的半自傳作品《一個廣告人的自白》曾經感動過許多台灣的廣告人，例如當初在聯廣上班，後來的泛太廣告創辦人辜耀倫，讀完後還衝動的寫信給他本人。

奧美正式進軍台灣之後，台灣廣告人就紛紛跳槽，來到了奧美，親身體會一流廣告公司的典範。包括了後來的奧美人宋秩銘、莊淑芬等，都是從聯廣再到奧美。

這些年輕廣告人會來奧美，除了外商公司的制度和待遇之外，最主要還是和國外接軌的學習機會。誠如莊淑芬在《台灣廣告50年》中提及：「廣告這行雖然是師徒制，可是除了技術傳承外，台灣奧美廣告有系統、具體的引進許多國外訓練教材，而且把這行知識記錄下來……」

孫大偉、林森川等則是被送到新加坡接受六到十二個月的實習，一九八七年正式升為創意總監，成為台灣第一代奧美創意人才。當時的奧美負責人宋秩銘認為：「創意是廣告生產力的根本。」早年業界把創意當作一種服務，但是台灣奧美讓創意獨立、發亮，《台灣廣告50年》就指出，台灣奧美真正的創意放在生意之前，也「徹底影響廣告產業的結構與發展」。

綜觀產業的變遷，又有多少人看得出媒體二十年後也會走向獨立？當時負責奧美媒體部門的劉篤行，只是常常聽見客戶們提起李奧貝納負責媒體部門的余湘，讓劉篤行非常好奇，余湘有什麼能力讓客戶很喜歡她。

劉篤行開始打聽，才知道**余湘善於為客戶爭取最佳條件和負責的做事方式**，讓余湘的客戶少不了她的協助，若是未來想要拓展新的客戶，不如把余湘網羅到奧美旗下！

這也是美式企業的「挖角」方式，直接而快速，加上當時奧美在擴張階段，一直想爭取一家大客戶的生意，這個客戶正好又是余湘負責的，於是奧美開了比余湘在李奧貝納還要好兩倍的條件，這讓當時不到三十歲的余湘，感受到強烈的「誠意」。

不過最讓余湘心動的還是奧美在廣告界中如同「聖殿」的地位，就和莊淑芬離開聯廣，前往奧美的原因一樣。一九八六年，余湘進入了當時台灣廣告人的夢想公司——奧美廣告公司。

離開奧美的真正原因

當時劉篤行是奧美媒體採購的最高負責人。在余湘眼中，他是一個企圖心十足的典型廣告人，讓余湘最深刻的，就是劉篤行只要看準一個客戶，就會運用各種關係和力量，讓客戶了解奧美所擁有的優勢，像余湘對客戶的細心，也變成了其中的一環，這也讓余湘了解到激烈競爭的商業社會中打造自己更多優勢的重要性。

事實上，也是因為奧美相當重視給客戶的附加價值，這也讓總是為客戶想到最多的余湘做起事來更加如魚得水，對於自己未來在奧美的發展相當有自信，所以當劉篤行離開奧美，前往聯廣發展時，留下的媒體部門主管出缺，余湘也信心十足。

同時和余湘競爭的還有其他兩位比余湘更資深的同事。但余湘認為，如果是比業績，余湘是三人中第一；比工作態度，余湘知道自己比其他人更早到辦公室、更晚下班；比未來性，余湘又比其他兩位更年輕！

余湘記得，當時負責奧美亞洲業務的是一位馬來西亞主管。馬來西亞是一個回教國家，非常重男輕女，但是奧美是一個跨國公司，余湘認為，整個制度應該是很客觀、很公平的。

劉篤行離開了奧美一個月後，公司宣佈了媒體部門主管人選，結果並不是余湘，這時宋秩銘也於當天下午約見余湘，親自和她說明這個結果。

「這是公司最後的決定了嗎？」余湘平靜聽完宋秩銘的說明後反問。

宋秩銘點了點頭。

「如果是，我明天就遞辭呈！」余湘斬釘截鐵的說。

對余湘來說，這不是意氣用事的決定，而是一個讓自己面對現實的機會。因為如果這是一個錯誤的決定，就白費了當初余湘懷著學習的熱情，來到這家一流的公司。但如果這是一個「對」的決定，余湘更要證明自己的能力和發展，絕不是公司決策者所看到的。余湘也相信，在實力至上的廣告圈，她還有機會證明這是「錯」的決定，這是余湘選擇離開的真正原因。

長達七頁的慰留信

當宋秩銘一聽余湘心意已決後大吃一驚。在余湘一走出辦公室之後，宋秩銘擔心口頭的慰留還不夠詳盡，馬上再寫了一封信給余湘，除了強調公司需要她這樣的人才之外，並且再加薪三成，羅列出增加的福利之外，更強調未來會送余湘到國外學習，完整的慰留信長達七頁。

看完了七頁長信，余湘雖然很感動，但是，余湘告訴宋秩銘：「謝謝你，但是我不接受慰留。」

事隔多年之後，余湘回憶起這段往事，心情還是有些複雜。當初之所以選擇奧美，就是認為在奧美不必憑學歷、不必憑關係、不必憑年資、不必擔心性別歧視，只要有能力就能出頭，就能有自己的一片天。那一次挫折正好讓余湘暫時離開職場，對未來的方向有一番省思。

人生難免遇到一些我們覺得不公平的待遇，或許，我們也沒有能力去改變，去扭轉這種不公平。但是，我們可以決定不被這種不公平打垮、擊敗！

一九八八年秋天，余湘頭也不回地離開了廣告界的聖殿——奧美。但是她決定繼續留在廣告界打拚。她對當時的奧美失望了，但是對台灣的廣告界仍然充滿信心。

余湘在心裡告訴自己：「一定要更努力、更用心，一定要在最短的時間之內拚出一點成績，要讓大家知道，余湘離開奧美，不是余湘的挫敗，而是奧美的損失。」

一出手就不容許失敗

當時聯廣的總經理劉篤行看見國外已經開始集中媒體購買，但是台灣還沒有人做過，劉篤行認為由余湘來試一試，或許能成功，而余湘果然做到了！

余湘第一次海外受訓是到香港，參加李奧貝納亞太區的媒體採購講習會。余湘趁著中午休息站在香港維多利亞港的渡輪上，感受香港人匆忙來往之間一種緊張的氣氛。

那一次講習，李奧貝納請來歐洲第一流媒體購買專家和香港資深的採購人員來分享心得。余湘當下就很清楚，以台灣媒體的特殊性，加上台灣人的做生意方式，這是國外經驗無法了解的。

舉例來說，國外價格的訂定和客戶下單時間遠近有關。如果客戶愈早下單，所獲得的折扣數就愈大，因為客戶早一點預訂版面，讓不確定的成本降低，自然就可以拿到較好的折扣！反之則愈來愈貴，愈接近播出時間，價格就愈硬，這也鼓勵客戶及早就開始排媒體計畫。

但是在台灣，客戶普遍會等到「最後一刻」才出手。

所謂最後一刻，就是指產品已經快到市場上，或是達到銷售高峰了，才決定購買廣告時段的數量。愈接近產品銷售的高峰，市場訊息愈明確；愈了解競爭對手的動作或是消費者的想法，此時來決定廣告的強度愈有效力，也免去提前預購廣告時段的風險。

另一種「最後一刻」，是指產品上市活動趕不及促銷訊息，或是市場上有了突發狀況，不再適宜播放原本預訂的廣告，於是媒體人員要趕在節目播出之前，把廣告拉下來。

「計畫比不上變化，變化比不上客戶的一通電話。」常常是在當天，客戶突然要把廣告拉下來，或是臨時要上廣告。台灣的媒體人員就是這樣度過一天又一天，不但要幫客戶在最後一刻上廣告，還要買到更便宜的廣告，這種「變化」反而造就出台灣媒體人員傲視全球的戰鬥力。

媒體業的創舉

當初把余湘從李奧貝納挖到奧美的劉篤行，又比余湘早一步來到了聯廣，擔任公司副總。從這位奧美及聯廣的主管身上，余湘學到了如何很快抓住問題的重點。劉篤行算是余湘在媒體業中的一位師父，「在許多的十字路口，他可以很快指出方向！」余湘回憶。

余湘印象很深，每當媒體部門的同仁請教劉篤行問題時，劉篤行不像一般主管必須從頭問起，而是直接從遇到困難的點上給予建議，而且證明果然有效；對於客戶也是一樣，每次拜訪客戶的路上，劉篤行才開始看資料，但是馬上就能抓住重點，提供建議，處理問題的對策相當精準，這也是余湘最佩服劉篤行的地方。

而台灣首次「實驗」媒體集中採購，也是劉篤行的建議，所以台灣第一次嘗試媒體集中購買，並不是在外國公司，而是在本土企業。

當時余湘已從奧美到聯廣工作，聯廣集團旗下就有三家廣告公司，分別是聯眾、聯旭和聯廣。當時聯廣的副總經理劉篤行看見國外已經開始集中媒體購買，但是台灣又還沒有人做過，劉篤行認為由余湘來試一試，或許有成功的機會！

為「傳立」埋下伏筆

一九九八年，當時和信集團辜振甫家族旗下的媒體版圖，除了聯廣集團之外，還有衛星電視等多媒體有線頻道，於是從聯廣集團下切出來「和信媒體中心」，這是台灣第一次將媒體採購集中在一起的公司，由余湘擔任媒體中心總經理。

當聯廣、聯旭、聯眾把媒體購買的任務交給余湘時，余湘先把所有的採購量計算出來，看看這一塊餅有「多大」，接下來再和電視台洽談如何分配這個預算。

當時和余湘一起在和信媒體中心，現任宏將媒體副總的林希青就回憶，過去十個產品分成十個客戶，和電視台談時，都是單一產品如何購買媒體時段，買到的時段自然就比較少，但是余湘開始用十個客戶的總預算和電視台交涉，如果十個廣告預算都下在同一家電視台，折扣數和時段的安排自然可以更有利，「十支廣告一起談，果然效果很好！」林希青回憶。

問題是，原本十個客戶是分散在十個不同的媒體業務手上，要將其整合起來，余湘須很有耐心的和十個客戶解釋未來的效果。

另一方面，由於台灣收視率調查的數字化愈來愈成熟，電視媒體購買的方式開始分為兩種：第一種為購買GRP（GRP=Gross Rating Points），第二種為購買檔次（Spot Buy）。購買GRP，就是購買「收視點」，適用於較長的托播時間。是一種可以保證達到收視率的方式，但無法於事前提供排檔Cue表，購買單價成本較低，可以固定經費，獲得比購買檔次方式還多的檔次。

而購買檔次，較適用於短時間托播，像是促銷廣告。可於事前提供排檔Cue表，且不會更動Cue表，事後評估單位成本（CPRP）值會較高。但無法保證收視率，無法彈性調整檔次，且購買單價較高。

有了數字做後盾，讓余湘得以更大膽的為客戶爭取權益，而和信媒體中心摸索出媒體集中購買的雛形，台灣媒體進入了現代化管理經營的時代，也為後來的「傳立」成立埋下伏筆。

「先要求自己」的領導風格

但是台灣客戶「最後一刻」出手搶進媒體時段的習慣還是沒有改變。林希青記得有一次，在星期五快下班時，客戶才打電話給余湘，有個一千萬的案子要上媒體，但是隔天星期六不上班，余湘到下班前都沒要求其他同事加班。於是林希青主動詢問余湘：「明天你是不是要來加班？」余湘驚訝的回答說：「你怎麼知道？」於是林希青表示，星期六也可以來幫忙打字。

「余湘最大的特色之一就是不喜歡打擾部屬。」林希青認為，余湘自己要求完美，又有所堅持，也自然的影響了屬下的做事方式，這種**「先要求自己」的領導者，不會等別人的腳步，所以當別人還在保守觀望時，余湘已率先走出了第一步。**

誰敢上辭呈，我就敢批！

三家電視台由三位小主管負責，其中一位小主管就帶頭商議提辭呈。余湘馬上批准，送往人事部。

「他們敢上辭呈，我就敢簽！」余湘說她即使一個人做兩份工作，也不會逃避屬下丟給她的挑戰。

一九八八年時，台灣《動腦》雜誌做了一項調查「是誰帶動了台灣的廣告界——影響廣告界最深的人物」，結果聯廣總經理賴東明得到了最高票。

整個一九八〇年代，是台灣史上廣告的高峰期，因為從一九六〇年代開始發展的台灣廣告業，經過了二十年，終於在一九八〇年來到了一百億，一九八七年到達了兩百億，一九八九年，則到達了四百億。

聯廣也是當時台灣廣告承攬額第一大的公司。一九八九年，聯廣成為台灣公司首度進入全球廣告公司前三百大的排行榜（排行兩百九十五），而就是在這一年，余湘從奧美來到了聯廣。

賴東明在《打開廣告之庫——聯廣綠手指的故事》一書中表示，在他九年半的總經理任內，他自覺最重要的工作之一就是為聯廣培養人才，其中第一項方法，就是多任用女性員工。從早期的葉菊蘭到莊淑芬都是出自聯廣，而賴東明也強調，聯廣公司也是台灣廣告界最早注意到女性在廣告作業方面的潛質與效能的廣告公司。這一點恐怕連台灣奧美也自嘆不如，否則就不會有余湘的升遷受阻的狀況了。

提前早到三十分鐘

當時賴東明認為，女性慢慢的已是台灣社會消費的主流，一個廣告公司必須了解客戶的產品究竟是賣給什麼樣的人，以及這些人在想些什麼。因此，在顧客主導的前提之下，多晉用女性員工是時勢所趨，亦是企業經營一種必要的精明。

而余湘從賴東明身上收穫最多的倒不是經營的策略，而是對人的體貼。有一次，賴東明和余湘一起參加一個午宴，賴東明三十分鐘前就到了。當時余湘很好奇，為什麼要提前這麼早到。賴東明回答：「萬一客人也提早到，而主人卻不在，那就太失禮了！」

這有一點老派作風，卻讓余湘感受到對人的尊重，這是外商公司不一定有的，而前立法委員，也是聯廣人出身的蔡式淵曾說：「一個聯廣，一個賴東明，我覺得就是這兩股力量改善了台灣的廣告界！」

余湘並沒有機會和賴東明共事太多。余湘進聯廣之前，賴東明就升任副董事長，由葉文立擔任總經理。事實上，也是在賴東明交棒給葉文立之後，聯廣是第一家覺察廣告已從行銷（Marketing）上的競爭，變成整個傳播上的競爭時代。

所謂傳播，是指行銷、廣告已是整個傳播領域中的一環，還包括公關、活動行銷等，因為根據當時的統計，廣告佔企業的行銷預算，已從過去的百分之九十降到了百分之五十，其他預算都撥給了公關、活動行銷等。

這也是「聯廣集團」轉變成「和信集團」的關鍵，當時的和信集團包括了聯眾廣告、聯旭國際、聯太公關、聯翔國際、緯來電視、行健育樂文化等。

從奧美轉到聯廣的余湘，開始感受到更大的版圖等著她，加上已在李奧貝納和奧美的歷練，原本感覺駕輕就熟，沒想到另一項考驗正等待著她。

夠硬氣的一年

原來，余湘進入聯廣算是「空降主管」，原來的媒體部門也都是一些資深小主管，他們對余湘不一定服氣，常在工作上故意考驗余湘，例如，有一些熱門的電視節目，像是客戶指定要上台視「愛的進行式」，但是負責台視的年輕主管就故意和余湘說廣告上不去。

廣告上不去？這可難不倒余湘，余湘從基層做起，不但熟悉電視台業務部的生態，也很清楚哪些節目有沒有空間，於是余湘也故意在他們面前拿起電話，直接撥給電視台要時段，讓資深主管們心服口服。

不過他們故意不配合的觀望又持續了一段時間，包括了上班時間不固定、找各種藉口無法完成任務等，這些余湘都忍了下來，畢竟每一家公司都有其文化，每名員工有其背景，只要不對業務推動造成障礙。

但是顯然余湘的手下並不這麼想，他們一直想對余湘「再將一軍」，這個機會就是利用過年的期間來個「集體請辭」。

過年時是媒體最忙的時段，許多客戶都要利用年節衝業績。三家電視台由三位主管負責，其中一位主管就帶頭商議提辭呈，在過年前讓余湘措手不及。

後來余湘了解，其他主管不是那麼想辭，但是一方面受人鼓動，一方面他們也不相信余湘會批准，等余湘「慰留」他們時，再和余湘討價還價、平起平坐。

當三位主管中有兩人把辭呈放在余湘桌上後，余湘二話不說，馬上批准送往人事部，這讓當時聯廣人嚇了一跳，因為在這最忙且急需用人之時，既沒有慰留，更沒有商榷一番。當時總經理葉文立還特別問余湘是不是決定了，甚至想幫辭職的人緩頰。

「他們敢上辭呈，我就敢簽！」余湘請葉文立放心，她會一個人下來做兩份工作，而不會逃避屬下丟給她的挑戰。

余湘很難忘記一九九〇年春節前，她重作馮婦以台灣第一大廣告媒體總監之尊，親自帶領幾位經驗不足的小朋友，穿梭在各電視台與報社之間。

那一年的除夕夜，余湘沒有回到台東老家過年，她在順利完成所有的工作之後回到聯廣媒體部辦公室，一邊盯著電視上播出的廣告，一邊獨自享用熱騰騰的泡麵。

那一個年，余湘回想起來，過得夠累，累得人仰馬翻，但同時，也過得夠硬氣、夠過癮，一點也不委屈。

公主復仇記

「如果連你都做不好，還有誰能做？」宋秩銘問。

這句話挑起余湘的鬥志，但其實余湘心裡已經做了決定。她沒有直接告訴宋秩銘，因為她想小小報復一下當年宋秩銘不力挺她升遷的一箭之仇！

離一九八八年秋天，奧美集團大中國區董事總經理宋秩銘寫給她七頁的長信，至今已經過了七年時間。這一天，宋秩銘約余湘在民生東路的「金融家俱樂部」碰面。

這七年間，宋秩銘和余湘也在許多廣告界公開的場合碰過面，雙方也都像老同事般無所拘束，畢竟當年沒有公平對待余湘的，不是宋秩銘，而是馬來西亞的主管，只是兩人在公開場合之外個別碰面，七年來這是第一次。

宋秩銘對余湘最大的影響，就是大格局的戰略領導。回想在奧美時代，宋秩銘號稱是「全公司最閒的人」，經常穿著T恤在各部門間走動，和大家聊天。實際上，他已把戰略定好，授權負責的經理人盡情發揮，也有創意的人跑來大拍他桌子，但是他還是頂得住壓力、鎮得住場面，讓部下也非常有安全感，能夠在他的保護下全力發揮。

媒體採購，鹹魚大翻身

宋秩銘私下約見余湘，余湘大約知道是什麼事情。主要是因為全球媒體的整併風已吹到台灣，台灣的廣告集團也必須順應這一潮流，把「媒體部門」重新整合。像奧美在一九八九年被英國WPP集團併購之後，WPP集團旗下共有包括智威湯遜等多家廣告公司。WPP的想法是，把這十多家廣告公司的「媒體部門」獨立出來，合組成一家媒體購買公司。集中多家公司客戶的媒體預算，增加規模採購的影響力，以量來爭取媒體價格上的優惠。

有這樣的想法，WPP並不是第一家公司，法國的IPG集團在歐洲開始整合成共同市場時就有這樣的想法。歐洲分成這麼多國家市場，雖然文化和語言上有所差異，但是媒體和品牌卻能跨越國界，於是，帶來了廣告業的契機。

只是，結構性的改變都會帶來強大衝擊。

像傳立台灣區前主管Andreas Vogiatzakis就指出，在「媒體採購」還隸屬於廣告代理公司一個部門的時代，與創意部門一起向客戶做簡報，幾乎全部的時間都在討論創意，最後剩下五分鐘，常只夠放一張投影片，看看在媒體上的檔期。

但是今天的媒體服務向客戶獨立比稿，簡報時準備幾十張投影片稀鬆平常，不再只用幾分鐘看媒體檔期。Andreas形容：「客戶聽完我們的簡報後，經常露出驚訝表情，他們想像不到媒體公司可以做這麼多的事情。」

創意人員過去一直是廣告代理商眼中的寶貝，他們是電視廣告片的創意來源，也是廣告公司能否受客戶青睞的關鍵，至於媒體採購部門則向來不受重視。但現在情勢丕變，這也是宋秩銘為什麼要約余湘的原因：**宋秩銘啟動了戰略，余湘是他最佳的授權對象。**

首先，余湘本來就是台灣少數一路走來，一直負責媒體部分的菁英，而且余湘在無線三台的人緣極佳，三台平常雖是競爭關係，但碰到危及他們的利益時，會聯合起來封殺客戶的廣告。宋秩銘相信余湘一定能解決這樣的狀況。

更重要的是，把媒體部門分割開來的動作，不只是WPP的變革，更是台灣整個廣告產業界的變革，會不會成功將是重要指標。

這也是台灣產業五十年最大的轉折。時間先拉到二〇〇四年九月，在北京舉行的第三十九屆世界廣告年會（IAA）上，當時BBDO亞太區董事長蘇雄發表一場演講，談的是廣告人最關心，也最黯淡的話題：「創意無價：廣告業何去何從」。

蘇雄開宗明義的說：「企業行銷預算大幅刪減。」採購人員直接涉入廣告預算的審核。「他們不關心策略，只關心動輒數百萬元以上的電視廣告有沒有立竿見影的效果。」相對於廣告公司的困窘與衰退，媒體公司崛起，變成集團的金雞母。

關心廣告有沒有「立竿見影」的效果，不一定是媒體人員的心態，卻一定是廣告客戶的目標，因為所有的商業活動都和時間賽跑，這時媒體人員卻變成是第一線執行者，對傳統廣告人的心理衝擊可想而知。過去不受重視的部門，現在受到客戶如此重視。

哪裡跌倒，就要在哪裡爬起來

從廣告公司的結構改變，到人員心理的調整，都需要時間來完成，這時更需要有豐富媒體經驗的人才能信賴，宋秩銘非余湘不做第二人想。

再者，宋秩銘也了解這一戰有輸不得的壓力，因為，WPP總公司把台灣當作是美國本土之外，全球第一個媒體部門獨立新模式的發軔地。如果台灣成功，就代表全世界都行得通。

按照WPP內部分析，將台灣當作先鋒市場，取其腹地小、經濟獨立、市場成熟的各項特點，因此若能在台灣實驗出一套良好、先進的媒體服務模式，未來便能運用在其他區域，因此台灣的這家媒體公司還有率先開發出創新的媒體企劃工具，和不斷嘗試媒體創意的任務。

有這樣的雙重挑戰，一時讓佘湘猶豫了起來，午餐快要結束了，佘湘一直沒有同意，這時宋秩銘告訴佘湘：「如果連你都做不好，還有誰能做？」

這句話挑起了佘湘的鬥志。畢竟這是全球媒體產業的關鍵時刻，客戶在看，台灣在看，全世界也在看，這時佘湘心裡其實已經做了決定，但她沒有直接告訴宋秩銘。

事後，佘湘以一種輕鬆俏皮的語氣，娓娓道出當年的心情：「其實我之所以不願意當場點頭，並不是擔心自己會做不好！我就是想拖上一天，想吊吊宋秩銘的胃口，想小小報復一下當年宋秩銘不力挺我升遷的一箭之仇！

「大家不是都說，在哪裡跌倒，就要在哪裡爬起來嗎？我七年前離開奧美，是因為沒有坐上媒體總監的位子。如今，傳立總經理的職位，事實上，等於是奧美媒體部總監與智威湯遜媒體部總監的合體。

「君子報仇，七年不晚！這種讓我可以揚眉吐氣，可以一解當年心頭之恨的機會，你說，我求之尚且不得，怎麼可能放棄呢？」

媒體採購的柳丁哲學

余湘的「分柳丁」哲學，讓她在談判桌上總是交出漂亮的成績單。因為並不是每個人都想要果肉，而柳丁的果皮曬乾，做成中藥，價格比果肉還好呢！

外界常批評，台灣由於電視台經費不夠，所以扼殺了許多創意。「別人認為台灣一百多個頻道過度競爭，瓜分媒體預算，最後只會惡性循環。」媒體棧總經理吳健強卻認為，未來十年是台灣媒體創意人才發光發熱的時代，「創意從來沒有這麼重要，未來誰有創意，誰就會大贏！」吳健強強調。

台灣電視總共有一百三十多個有線頻道，吳健強的媒體棧擁有了包括超視和Jet TV、年代等三個頻道的業務，不算是大的頻道集團，但是他卻對台灣媒體，特別是電視的未來，充滿信心，主要就是台灣有一批全華文世界最強的人才。

在預算有限的情況之下，每一個節目都做得有聲有色，他以每年的「金馬獎」、「金鐘獎」為例，才不到一百萬美元的預算，卻熱熱鬧鬧不輸給五千萬美元的奧斯卡。有緊湊的紅毯、有豔光十射的星光大道。

「如果我們有奧斯卡十分之一的預算，我們就叫周杰倫跳降落傘了！」吳健強說，台灣電視台用一般晚會的預算，辦出有國際水準的節目，電視的「重播率」居高不下，這就是創意的力量。

在吳健強眼中，台灣環境不差，但是市場小是事實。台灣不到五百億台幣的媒體市場大餅，其中電視佔有三百億。如果以一百多個頻道來分，每一個頻道是三千萬左右，有時余湘在某些頻道的下單廣告量，一年很可能就超過了一千萬，是那一個頻道營收的三分之一！

媒體和電視的雙贏

「從有線電視台的角度來看，我不認為余湘給我們帶來了威脅！」吳健強認為外界也誤解了余湘整合媒體之後，電視台和余湘之間的關係，在媒體集中採購之下，呈現一種緊張狀態，事實剛好相反。吳健強認為，媒體集中採購，是讓媒體經營得更有效率，反而讓台灣這個產業發展得更健康，主要有三點理由。

第一是金流更穩定。

吳健強本身就是從外製公司做起，他說早期廣告客戶分散各家，他做業務要忙進忙出，主要是收帳也必須分頭進行，但現在整合之後，金流系統大了，銀行信用額度也變大，收帳卻更單純。「台灣媒體真正和現代化經營接軌，很多人忽略了余湘的貢獻！」吳健強說。

第二是人員溝通成本的減少。

以前為了應付分散的客戶，必須多請一些人，現在有了媒體公司統一購買，有線頻道的業務部只要請幾個人就夠了！相對的，這些媒體公司也很了解各頻道的性質，直接和客戶解釋媒體特性。

第三是市場供給及需求的情況更「透明化」。

由於集中購買，媒體可以對市場的需求看得很明顯，經營者決策更不易出錯。「我和余湘現在每年固定只吵一兩次架而已！」吳健強半開玩笑的說。

由於兩邊的立場不同，一定會談條件，但是把供需的問題攤在桌上，再多替對方想一想，馬上就可以談出一個共識，雙方一起往前再走。

所謂的「共識」，就是余湘「分柳丁」的哲學。

余湘說：「如果價格談不下去的時侯，我會用分柳丁的觀念來解決。」所謂「分柳丁」，是一種比喻，當雙方為了一項採購案僵持不下時，最後她通常會和對方談一種解決方式，就像大家眼前有一顆共同的柳丁，這時說不定會發現其實有人要的是果肉，但也有人只要果皮。余湘笑說：「因為柳丁的果皮曬乾，還可以做成中藥，價格比果肉還好呢！」

但如果大家都要果肉，余湘會提議公平起見，你可以選擇「我來切柳丁，你來挑哪一塊」，或是「你來切柳丁，我來挑哪一塊」；意思就是，你提出你認為最好的價格，看我能不能接受，或是我來出分紅佣金的比例，你看好不好。

這樣一來，不管是切柳丁的人或是挑柳丁的人，都可以更了解對方的選擇和考慮空間，除非大家不想吃柳丁，否則一定可以找出方法。

「趕」余湘下班

從對等關係，變成效率關係。吳健強指出，余湘自己也很清楚，他們需要媒體，而且是有品質的媒體！所以不管怎麼壓價錢，一定會「留空間」。反之亦然，電視也需要好的媒體公司。對的經營模式，也需要對的人才會成功，而**余湘之所以會做得這麼成功，是因為她「精明中有包容，包容中有堅持。」**

吳健強舉例，**余湘最有名的就是晚上不參加應酬，這是她的堅持**，但是她把所有的聚會集中在中午談。

吳健強記得余湘過去成立媒体庫時，他父母家就住在對面，需要一個車位，於是他和余湘商量，余湘停白天，他停晚上，反正余湘很少應酬嘛。有一次，吳健強回家，發現余湘的車子還在車位上，反而到公司裡去「趕」余湘下班。余湘也沒有生氣，摸摸鼻子就把車開走。

吳健強認為，和余湘合作的人都了解，**余湘有一個最重要的本領，就是她會努力讓事情有一個**Happy Ending，吳健強的結論是：「**因為她把人看得比錢重要！**」

中國時報

中華民國八十六年三月十九日/星期三

從總機小姐做起 爬到無線電視台首席女副總位子

台灣阿湘奮鬥史 媲美日劇阿信

余湘從總機小姐到副總經理的傳奇經歷，民視想拍成連續劇「台灣阿湘」。（張兆輝攝）

【記者徐紀琤台北報導】台灣即將出現第一位無線電視台的女性副總經理！

特別的是，年僅三十八歲的她，是由總機小姐做起，現任亞洲第一家專業媒體行銷公司「傳立」的總經理，一手掌控四十七億元的年度廣告預算。這位民視的副總經理余湘，奮鬥史彷彿一部傳奇的勵志電影，民視有意將它拍成像是日劇「阿信」的「台灣阿湘」！

余湘來自台東鄉下，十八年前，她在銘傳夜間部念書時，由於是游泳國手，被李奧貝納廣告公司邀去拍奶粉廣告，拍片時，她奮力的在池中游來游去，工作態度極好，廣告公司於是邀這個可愛敬業的小女生到公司當總機小姐。

銘傳畢業後，余湘因有工作潛力，陸續被調到會計部、媒體部，一路爬升到奧美廣告的媒體經理、和信媒體傳播事業總經理。

前年三月，余湘擔任香港傳立公司總經理。傳立是由一年營收兩百億美元、全球最大廣告集團WPP所創立的，是台灣第一家專業媒體行銷公司，統籌WPP旗下智威湯訊、奧美廣告購買媒體時段，負責分配一年四十七億元台幣的廣告預算，代理客戶有福特、花旗、瑪威賓、金車等大企業，佔台灣前十大廣告主三成的預算，不但廣告量是第一名，還超前第二名的聯廣兩倍之多！

沒有顯赫的學歷、家世，余湘如何在暗潮洶湧的廣告界力爭上游？民視總經理李光輝曾任職台視業務部，可說是「看著余湘長大的」。他說，余湘個性溫和，還有一點害羞，不過，她待人靈巧、做事敏感，當總機小姐時，對方只要一聲「喂」，她就能聽出是誰，清楚的留言傳話，贏得公司內外的好評。

民視執行常董陳剛信說，余湘的用功是她成功的最大因素。廣告公司的媒體部講究的是酒廊文化，別人喝酒應酬，她卻忙於自修，並且每天中午在餐廳K書一小時。後來，她還赴美進修專業課程，也上過人際溝通課。至今，她還常去聽演講，即使老師懂得比她少，只要一兩個觀點比她好，就讓她很欣喜。

陳剛信說：「廣告界競爭激烈，人才很快被淘汰。當初傳立找總經理人選時，許多專業人才爭取，余湘雀屏中選，主因便是經由用功，讓她能力強，媒體關係好，善於處理複雜人際關係。」

外型清秀的余湘，臉上時時有笑容，讓人覺得沒有壓力。她在台視業務部任職的夫婿吳力行說，太太雖是女強人，不過，個性善良純真，她是真正的關心人，最明顯的例子是，她對先生和前妻的兒子視如己出，再忙，也要回家看孩子功課。他們夫妻經濟分開，收入不低的她，最大的「花費」竟是借錢給朋友。

余湘則說自己是「勤能補拙」。她認為人要待人誠懇、做事認真，即使是當總機小姐，小事情做得完美，也會很有成就感。這些年，面對客戶與媒體衝突時，她總是找出漏洞、大事化小，滿足雙方需要。「我覺得要用心做事，而不是用功做事，這樣才能事半功倍。」

為什麼要站在另一邊？——台灣無線電視史上第一位女性副總經理

「我對業務員要求不多，但男的一定要乾乾淨淨，女的一定要清清秀秀。」余湘告訴李光輝。

隔天，余湘看見第一位員工時差一點沒昏倒。

一九九七年，余湘有兩個很「本土」的選擇。

在傳立時，一向對余湘極為賞識的「自由時報」創辦人林榮三不斷挖角，希望余湘可以加入自由時報，於是有時會邀請余湘參加自己的家庭聚會，一起享用大餐，把她介紹給更多集團經理人認識。

當時自由時報的發行量，不但已追上過去傳統盤踞市場的兩大報——中時和聯合，正開始打造「第一品牌」的氣勢，但是最讓林榮三苦惱的是，自由時報雖然走向了「發行第一」，但是在「廣告」方面卻還是排在老三、老四，一直無法反映其實力。

先把余湘借給我們嘛！

當「實力」與「業績」產生落差，是形象問題，也是溝通問題，更重要的是，廣告客戶對於自由時報的認知和了解。為客戶購買廣告、挑選廣告，本來就是余湘的強項。林榮三一開始是以拉近「客戶」關係請益「買方」的想法，但是愈認識余湘，愈發現她對客戶動向瞭若指掌，客戶也對她極其信任，於是乾脆興起請她來自由時報擔任總經理的念頭。

從「買方」到「賣方」，余湘在代理「閃亮電影院」時已有經驗，而自由時報創辦人林榮三在媒體業雖是「新人」，但他在台灣政商版圖之中則是赫赫有名的「三重幫」，資產排名全台灣前一百大。林榮三一再遊說余湘加入集團，包括未來自由時報的發展，還會有多種的媒體，最後，余湘覺得再拒絕人家就顯得太不識大體，終於答應。

余湘可能異動的消息，很快就在媒體圈傳了開來。余湘甚至開始幫林榮三規劃一些市場區分，讓業務成長得更快，看來第一大報已「追上」了余湘。

「要不是知道余湘可能異動了，我們想都不敢想！」當時剛從TVBS離開，正在籌備民視開台的李光輝說。他身為一個全新的無線電視台總經理，一直有一個想法，就是用可以跟客戶說「同一種語言」的業務團隊。

從一九九五年開始籌備的民視，喊出「來自民間，屬於全民」的口號，吸引七千餘名發起人，募得新台幣十六億餘資金，並於八個月內由近三萬股東增資至新台幣四十億元，這是台灣從「黨」、「政」、「軍」所建立三家無線電視台之後，二十年來第一家無線電視台，由蔡同榮擔任董事長，當時任職華視主任祕書的陳剛信為執行常董，TVBS副總經理李光輝為總經理。

李光輝一開始去找余湘談，當然是被余湘回絕了，主要是余湘已答應了林榮三。「當時林榮三連余湘的名字都報到報業工會了。」李光輝回憶，看起來已不太可能的事，但只要有一絲希望，他就會力爭到底。

李光輝分析，這次余湘會到平面媒體，主要有兩個因素：一是從買方到賣方的挑戰；二是林榮三的誠意。在「誠意」方面，民視也不落人後，由民視董事長蔡同榮和執行董事長陳剛信親自出動，先說服了林榮三讓賢。「我們要開台了，就先把余湘借給我們一下嘛！」

更廣闊的視野與挑戰——接觸全台客戶

李光輝則打電話給以前台視的老部屬「吳哥哥」，請他說服余湘從自由時報轉到民視。而吳哥哥的態度很簡單：「余湘不一定非去哪裡不可，完全看她自己選擇！」

有了「不必非去自由時報」的外在情勢，從買方到賣方，李光輝很清楚，余湘最大的戰場其實是在電視，民視也算是「賣方」。李光輝向余湘分析，這是台灣電視史上大洗牌的關鍵時刻，不參與太可惜了。這一點也讓余湘的態度開始軟化。一九九七年六月十一日晚間七點，在李登輝前總統的按鈕之下，民視無線台正式開播，余湘成為台灣無線電視史上第一位「女性副總經理」。

和客戶「講同一種語言」，不但溝通快速，甚至可以「主動出擊」。針對客戶提案，李光輝的構想是一舉打破過去老三台跑業務的方式，等著客戶上門就好，根本不管客戶為什麼要買這個廣告時段，也就是「廟大欺人」的作風。

更深層的思考，是李光輝已意識到未來有線電視的競爭和瓜分，非得先主動出擊不可。從「買方」變成「賣方」的余湘，不但了解買方挑選節目的理由，再加上她是一位女性，就算主動出擊，量身訂做提案，也不會給人太過強勢的感覺。完成這一項台灣電視史上的創新之舉，是余湘成為第一位女性「副總」的原因。

為什麼余湘最後願意跳到「賣方」當副總經理？事實上，代理「買方」雖然姿態較高，表面風光，但是只能了解自己所代理的客戶，久而久之，這種安逸反而會讓人眼光狹窄。到了「賣方」，因為要把時段全部推銷出去，所以市場上所有客戶都是對象。「走下台階，到了另外一邊，其實台灣所有的客戶，我都可以接觸了！」

這種從「買」走到「賣」的挑戰，雖然一時辛苦，卻是成就更大基石的歷練。余湘

也是用這樣的理念來向高高在上的「買方」募集團隊。願意從河流走向大海的年輕人，必須渡過更寬廣的河岸另一邊。

「我對業務員的要求不多，不一定要俊男美女，但是男的一定要乾乾淨淨，女的一定要清清秀秀。」余湘告訴李光輝。

李光輝一口答應沒有問題，並且興奮的說：「我已幫妳找到一位了！」

隔天，余湘看見第一位員工時差一點沒昏倒，因為這名同仁剛燙好頭髮，髮型卻是披頭散髮，加上濃妝豔抹，余湘對李光輝的「品味」啞口無言，於是她決定自己來找業務員，但也開始適應本土公司不重外表的文化。

有了余湘的壓陣，當時作為電視台命脈的民視業務團隊大部分都是來自「買方」，而現在仍活躍於媒體界的包括：媒体庫董事總經理程懷昌、浩騰總經理沈志勳、競立總經理顏淑花、傳立副總何宗賢、凱絡副總趙瑗瑗等。

不是認識的人多，就叫有人脈

在工作上去了解別人，也讓別人從工作上了解自己。「這是最扎實的人脈！」余湘強調。

許多民視創台元老都知道這樣一個故事。有一次，民視董事長蔡同榮「蔡董」請主要幾位大客戶吃飯，負責業務的余湘當然要在場招待，吃飯場面也相當熱絡。當時台北市長選舉馬英九和陳水扁的對決在即，蔡同榮一時興起，不掩飾他對同黨同志陳水扁的支持，為了爭取客戶認同，他還特別從余湘開始詢問：「你是支持陳水扁的吧？」沒想到余湘不但沒有應和，還直接回答：「我是支持馬英九的！」

這個回答讓蔡董一時間以為自己聽錯了，又再問了一次，余湘還是一樣的答案。當時旁邊的同事出來打圓場說：「余湘的意思是在某種狀況之下，才會支持馬英九啦！」蔡董仍不甘心，第三次又問余湘，結果還是一樣的回答，大家連打圓場的機會也沒了，蔡董也無法延續這個話題。

但是這頓飯並沒有讓蔡董減少對余湘的信任，畢竟在民視最困難的時候，余湘能夠全力以赴，所以兩年後余湘準備離開民視，重回媒體業時，蔡董仍大力慰留她。

宋炎興指出，產業的領導者都有一定的格局，而真正的人才也不會受限於電視台的改朝換台。

今天活躍於電視界的人才，許多都是走過三台時代，例如前民視節目部副總經理宋炎興、民視總經理陳剛信、華視總經理王麟祥都是出身於華視；其他如八大電視台總經理林柏川、TVBS總經理李光輝等，也都是從三台出來做到電視台的總字輩。宋炎興和余湘認識得很早，但真正共事是在民視開台草創，這也是民視最慘的時代。

人脈要幫上忙才有用！

當時由於剛設發射台，許多地方都還沒定頻，加上排在無線六台，是當時無線的邊緣頻道，容易受到干擾，節目收訊很差。宋炎興記得最差的時候一度收視率都是零，但是印象中余湘從沒有抱怨過人或節目。

以當時她是有名的業務大將，卻沒有埋怨過老闆、同事和公司，展現了十足的「正面積極力量」。

有「正面積極力量」的人很多，**余湘最常被同業稱羡的是她「強大的人脈」，當能力、品德差不多時，決勝負的關鍵往往是「人脈」。**

宋炎興說，許多年輕人常誤會人脈的「定義」。其實在職場上的「人際關係」的定義，是「有用的人脈」，也就是說人脈要幫上忙才有用！所以不只是認識人，而是你認識的人，能真心肯定你，才有用！這不但是指客戶、同事，還包括屬下！所以關於人脈的「第一個迷思」：不是認識的人多就叫有人脈，要認識的人肯定你、願意幫你才算數。

從余湘的例子來看，許多過去的同事，就是未來的客戶。余湘經歷過很多工作，她的長官都是信任她的。宋炎興認為許多剛畢業的年輕人都誤解了人際關係，人脈不需要多，有用的人只要十來個。以前的客戶、以前的同事，和你來往的人都信任你，所以只要有業務，第一個想到的人就是你！

第二個迷思：不是向上管理，而是從身邊做起。最不良的人際關係，就是犧牲屬下，成就自己！**余湘即使在最困難的時候，還是肯定且信任她的部下，也讓她的部下願意跟著她**，所以余湘後來出來開疆拓土，她的一些重要幹部許多是從民視出來的人！宋炎興指出，余湘不是去認識人，而是樂觀及積極的面對最慘的時刻，所以余湘的人脈不是「察言觀色」來的！

余湘一口拒絕電視台總經理的職位

第三個迷思：**建立人脈，不是取悅別人，而是真誠對人**。像余湘每天晚上七、八點就下班，宋炎興表示，誰說做業務，一定要喝酒？「我認識最好的業務員都不是靠喝酒應酬的！」

余湘回憶起那段電視台時光的體悟：如果是應酬認識的人，往往不會是「有用」的人脈，因為應酬的場合和話語，並不足以讓別人了解自己的能力；相反的，自己也不了解對方真正的能耐，有事情要請託也並不扎實，所以應酬變得浪費時間精力，還不如把精力集中在工作上。在工作上去了解別人，也讓別人從工作上了解自己，「這是最扎實的人脈！」余湘強調。

第四個迷思：不是要選邊站，而是從

自我選擇。像民視成立初期，董事會意見不同，但余湘簽兩年合約，兩年做滿，都沒有被歸類成哪一邊人馬。余湘也透露，當民視第一任總經理李光輝面臨被撤換之時，就有股東來找余湘，希望余湘能夠取代李光輝，但被余湘一口拒絕。「因為當初是李光輝找我來民視，我怎麼可以為了電視台總經理的職務，就背棄李光輝！」

宋炎興觀察**余湘離開民視之後，過去的長官仍支持她，優秀的部下也跟著她，讓她馬上可以從產業的變動而快速崛起，這就是人脈的力量！**

宋炎興目前在一家代理媒體的網路公司，排在台灣市場前五大，近五年每年業績也呈百分之三十成長，但是營收只有余湘掌控的百分之一。「代理網路媒體的客戶唯一的優勢是客戶『黏著度』很高，因為網路消費的習慣和資料都很特別，但是最苦的是科技變化太快，除非對媒體有很大的熱情，否則早就不幹了！」宋炎興說。

一面泡著高山茶，宋炎興一面細數離開民視之後的發展。他說，他和余湘在一九九九年同時離開民視走向創業之路，但是余湘的成績比他大上百倍，說明策略思考加上人脈力量，可以比許多業界老將還能再創高峰。

沒做到三億，還能去三義

一成立業務部，余湘就要求：每天早上提前三十分鐘召開業務會議，輪流由業務員報告自己的客戶或產業。老三台靠人脈及交情做生意的時代已經過去了，這個產業一切都要靠自我的提升。

「什麼？余湘要帶大家去琉球？」當民視的董事得知，余湘和業務行銷部同事組織三天兩夜的出國旅行時都嚇了一跳。

「挺」共同打拚的夥伴

原來當時民視營運仍在虧損狀態，沒有單位敢去「放鬆」一下，也是由於公司仍在虧損狀態，所以余湘並沒有向公司申請補助，而是大家用自己的假期，自己出錢來參加。阿毅回憶：「但是即使我們沒有用公司半毛錢，公司高層仍不高興，認為沒有賺錢怎麼可以出去玩？但是余湘還是堅持帶大家出去透透氣！」

也正是因為愈困難，余湘認為愈要團結在一起，儘管外有基礎設施的不足，內有節目方向的飄移不定，但是余湘帶領的業務團隊從「零」開始，每月都有成長，也是到了一年半之後，余湘對三年就能獲利的目標更為堅定，帶全體業務部員工到日本琉球去玩三天，當作辛苦工作的獎賞，也幫同仁們加油打氣！

這也說明了**余湘對於「向上」管理有所堅持，但也同時站在一起打拚的夥伴這一邊，這也是余湘讓部下服氣的原因**。現任三立創意行銷部副總林志祐說，有一次，有一位同仁提議：「如果做到三億，我們就去義大利玩！」

余湘馬上回答：「沒問題，做到三億，我們就去義大利，但如果能做到一億，我就帶你們去三義！」大家聽了都忍俊不禁，這也說明了余湘激勵業務團隊的風格。

一開播的民視，本來就註定要和「老三台」打，對余湘來說，不但是從「媒體公司」跳到「媒體」的挑戰，更是直接選擇「從零開始的媒體」。

在民視的兩大挑戰

另一方面，過去在媒體公司工作，余湘領導員工是駕輕就熟，用自己走過的路來指導員工，但是在民視，第一個挑戰，就是基地發射台的挑戰。

「我們一開始跑業務，車上就帶著長長的天線！」現任Yam天空副總經理鍾毅明回憶，許多廣告客戶根本就收不到民視訊號，要和別人談民視節目、談廣告，還要幫他們直接「收訊」才談得下去。跟著余湘轉戰民視的周菊珍則回憶，有一次跑一個客戶，偏偏訊號正好被一座「鐵砧山」擋住，如果沒有裝Cable根本收不到訊號，周菊珍說：「還記得有時我們的收視率根本就是零！」

程懷昌則回憶，民視開播時的硬體實在太差，即使客戶願意上廣告，但有時根本收不到訊號，沒有收視率。「我們還得把錢退給客戶！」程懷昌說。

第二個挑戰，是節目內容的挑戰。首先，由於民視成立時標榜和過去三台「黨政軍」的介入風格不同，是屬於全民的電視台，甚至給人有一點「綠色」的印象，因為董事長就是民進黨的立法委員蔡同榮，所以許多不同政治立場的客戶和觀眾自然有先入為主的排斥觀念，無形中收視率就比已經擁有固定收視習慣的三台要差。

另一方面由於民視才剛剛開播，製作節目的本錢和人才都不夠雄厚，所以在戲劇方面一始就購買了「大陸連續劇」來播放。由藝人白冰冰領銜主演的「菅芒花的春天」收視率好了一下，又沒有了。早期大陸劇雖便宜，但是內容參差不齊，製作水準也不如韓劇，所以要把這些節目推給客戶更格外辛苦。

第三個挑戰，是業務的挑戰。林志祐記得，由於電視台生態和廣告公司不同，所以余湘花了許多時間在業務員的教導上，畢竟電視台的業務過去是靠著手上有頻道，所以是別人來求他們，但是有線電視出現之後，競爭激烈，電視台業務也必須和媒體公司的人員素質接軌。

跟著余湘是一種福氣！

一成立電視台業務部，余湘就立下新規定：每一天早上提前三十分鐘召開業務會議，輪流由一名業務員報告自己的客戶或產業讓其他同事了解。**余湘的目的，一方面是訓練業務員可以在大眾面前做簡報的能力，一方面也可以讓其他同事了解不同產業及認識不同客戶，大家有機會打團體合作戰，畢竟「老三台」靠人脈及交情做生意的方式已經過去了，一切都要靠自我的提升**。「余湘帶部下的方式，對我幫助很多，我到現在還在使用！」林志祐說。

余湘從零開始加入民視，兩年後民視的業務和三台只有百分之三十不到的差距，追趕的聲勢相當驚人。但除了前文提及余湘到了「另一邊」工作，更重要的是，在民視的兩年，打下了未來工作夥伴的基礎，要不是有了這些挑戰，更顯現不出年輕夥伴接受考驗的韌性。

就余湘的觀察，兩名愛將「懷昌」和「阿毅」就是不同的表現典型：阿毅是勇於設定自我目標，並且挑戰目標不為外界影響。當阿毅面臨困難時，會用向外宣示的方式來激勵自己，對於愈困難的挑戰愈有鬥志，愈容易帶動同事達到業績目標，這讓余湘沒有後顧之憂。

懷昌則是「默默」領導的作風，鎖定目標之後並不張揚，卻有自己佈局和收網的方式，讓人看了數字報表之後為之驚豔。有幾次，余湘還懷疑自己分配給懷昌的客戶是不是太容易了，於是重新調整組合，把一些最難搞的客戶丟給他，說也奇怪，余湘觀察懷昌仍舊可以按進度達到目標，也讓余湘開始對這個夥伴刮目相看。

而周菊珍後來就一直留在電視台做業務。她認為余湘對屬下來說，是一種很會引導方向、很會給解答的領導人，而且這個答案或方向，往往是你看不到的面向。「跟著余湘是一種福氣！」周菊珍說。

經營媒體公司，余湘認為最重要，且必須做到的是：「把客戶的錢當成自己的來用，把客戶的產品當成自己的產品來賣！」

「是因為李光輝也要離開的關係嗎？」民視董事長蔡同榮當面詢問余湘，想要慰留余湘，因為這一位負責業務的最高主管已向董事會提出辭呈。

為什麼她還要走？

由於當初民視開台，是由前TVBS總經理李光輝邀請余湘加盟，所以蔡同榮才會直接詢問余湘，是否因為李光輝離開而離開。余湘解釋，她是一個專業經理人，不會過問董事會的事，但她也講出心裡的話：「只在一家媒體服務，已不能滿足自己的挑戰。」

民視董事會，包括常務董事陳剛信也和余湘長談，希望她能繼續把民視業務帶上高峰，並且再給余湘更高的獎金比例。但余湘解釋，到媒體的「另一邊」工作本來就是給自己的一項挑戰，並不是因為錢的關係。

這是余湘和民視簽約兩年之後的決定。當時民視的長官都很訝異余湘不再續約，因為民視已經走過最艱難的階段，收視戶已經成長到百分之五十以上，業務量也追上了一般有線電視台，節目收視也愈來愈穩定，為什麼余湘還要走？

當時全球的媒體代理已成氣候，比余湘四年前擔任台灣第一家媒體代理公司傳立總經理時還要風起雲湧。相對於其他外商公司成立的媒體公司，余湘看見了一家「純本土」媒體公司的機會！

「余湘要回來了！」一九九九年中，台灣廣告和媒體界聚會中不自覺談起這個話題，業界流傳著余湘正準備創立一家全新公司的計畫。

在余湘眼裡，沒有「阻力」

當余湘準備重回媒體界時，許多人抱著懷疑的態度。主要是因為台灣本土廣告業已經在走下坡，早就是國際廣告公司的天下，加上國際廣告公司直接從海外總部決定媒體公司，如同余湘過去待過的「傳立」承接奧美、智威湯遜等業務，哪裡還輪得到「本土

媒體」公司？

第二項阻力，是人才的缺乏。余湘早年在外商公司帶過的媒體專業人員，在這三、四年間也都成為了一方之霸，可以獨當一面的好手，余湘要如何成立公司，誰可以捨棄外商公司優渥的待遇和充沛的資源來幫助她？如果余湘沒有團隊，又如何和傳立、安吉斯等大媒體公司抗衡？

第三項阻力，是風險的控管。媒體代理的利潤本來就不高，景氣不好、跳票、倒閉收不到帳款的情況亦多有所聞。有時做了一整年上億的營業額，只要有一筆款項收不回來，一整年就等於是白白辛苦了！余湘如果背後沒有大集團的支持，很難和其他媒體公司競爭。

在這種種阻力之下，業界對於余湘能否「回來」，重新創造本土媒體公司並不看好。不過據待過民視兩年的余湘觀察，和台灣其他行業生態比較，媒體接近一般大眾生活，其實媒體是很「本土」的！

所謂「本土」，是指節目一定要察覺到本土的顧客需求才會受歡迎，才有辦法深入本土市場，所以鼓勵余湘出來開「本土」媒體公司的，反而都是一些國外品牌和客戶，在這些客戶鼓勵和信任之下，**余湘告訴自己：「只要把事情做對，很多正面的能量就會聚集過來！」**

令人驚豔的「媒体庫」

一九九九年七月十五日，「媒体庫」正式成立。對外喊出的標語是「最國際化的在地公司，最在地的國際化公司」，來強調媒体庫擁有本土公司對台灣市場極了解的優勢。

剛開始帶媒体庫的時候，余湘原先打算前幾年是在前鋒第一線衝刺，主動開發新客戶，但是不到三年，余湘發現她的子弟兵都很厲害，馬上放手轉到幕後治軍，協助戰將們往前衝，反而事半功倍。

余湘能在不被看好的情況下開始慢慢「坐大」，第一個關鍵就是「紀律」。

過去在電視台負責業務，只要員工把業績跑出來，其他的管理她絕不過問。但是負責媒體公司，她對作業品質都會很要求，從員工的文件到穿著，更重要的是強調：「把客戶的錢當成自己的來用，把客戶的產品當成自己的產品來賣！」余湘認為，如果媒体庫同事把這兩個前提都想到了、做到了，就不會有什麼難纏的客戶需要她親自出面。

其次，是身段。媒體人員由於開始大量採購，有時會出現高姿態，余湘要求工作同仁一定要放下身段。「其實我也很能適應每個角色的轉換，我很清楚並調整自己讓身段柔軟。」余湘強調。

再者，是透明化管理。余湘的公司效率很高，主要原因是余湘很注重組織的透明和開放，她最討厭的就是在公司組織中搞小圈圈，因為余湘認為「小圈圈」無助於效率的提升，所以當有人在她面前訴說別人的不是，或是在背後指控別人，她通常會馬上召來所有當事人解釋清楚，這樣一來，所有員工都不會在余湘面前指責別人的不是，久而久之，組織也愈來愈開放務實，愈能面對真正問題，而不會浪費在內耗及互相推諉之中。

最後，是顧客關係。儘管前兩年媒体庫每一次和外商公司比稿或提案，感覺都像是孤軍奮戰；但好不容易一個客戶、一個客戶建立起來的關係和服務，絕非外商指定現成的媒體公司所能比擬，只要一朝一夕成為「媒体庫」的客戶，就會習慣了媒体庫的服務，不輕易的更換。三、四年下來，媒体庫竟成為業界客戶流失率最少的公司！

「當年第一個客戶，到現在還是我們的客戶，而且還愈來愈大！」余湘透露。

媒体庫一路以來都堅持「最國際化的在地公司，最在地的國際化公司」，這樣的信念，一直到被WPP和OMD集團爭相併購之前，媒体庫已擁有超過四十位左右的客戶，二〇〇三年已是台灣第一大本土媒體公司。

女人的義氣

余湘的媒體經營口碑實在太好，連負責LVMH的媒體公司都想和媒体庫合作。但余湘卻認為她已經有了同性質的客戶雅詩蘭黛，她不能讓原有的客戶失去信任，所以她婉拒了上門的生意！

在余湘二〇〇八年的感恩餐會上，有一位過去的「客戶」悄悄現身，帶來了一份小禮物給余湘。「我聽朋友說你的身體康復了，特別來看你！」這位「神祕客戶」說。

余湘相當驚喜，這位沒有在預期中的「神祕客戶」就是前台灣雅詩蘭黛總經理朱怡。朱怡離開了雅詩蘭黛之後就前往香港，比較少和台灣廣告媒體圈聯絡。余湘感動的對她說：「謝謝妳當年對我的協助！」朱怡則回答：「你

本來就做得很好！」

我們雅詩蘭黛的廣告就交給你了！

朱怡是余湘創立媒体庫之後的第二個客戶。如果說第一個客戶「桂格」長期和余湘合作的默契，是余湘創業的基礎，這第二個「客戶」則算是千里知音、相知相惜。雅詩蘭黛集團（Estee Lauder）是美國第一大化妝品公司，旗下有倩碧、雅詩蘭黛、MAC、芭比波朗、海洋拉娜等十多種品牌，營業額高達兩百億美元，在台灣一年的行銷廣告費就達到上億台幣。

像這種多品牌的跨國大公司，就是廣告公司重要的提案對象，而且各種優惠很多，可以有各種條件的比較，例如：人家給我怎樣怎樣的條件，你可以比照辦理嗎？但是朱怡知道余湘創業之後，自己跑上門來，「我們媒體就交給你了！」

在創立媒体庫之前，過去余湘和朱怡吃過一次飯，當時是因為智威湯遜的蘇雄介紹，因為智威湯遜和奧美的廣告都是交給傳立來負責，余湘是傳立的總經理，從那個時候開始接觸雅詩蘭黛。余湘只是盡力把雅詩蘭黛這個客戶做好，和朱怡根本談不上「深交」！

這種信任和支持，余湘形容是「前世今生」的知己。朱怡為什麼這麼信任余湘？

朱怡是台灣美妝品界外商第一個本土總經理，一直是美妝界的傳奇性人物。當年她是美國雅詩蘭黛集團在台灣的第一人，一直擴充到五百二十人，並設有三間護膚中心，是總公司全世界業績排名前十名，在亞洲僅次於日本，而台灣的人口卻是日本的五分之一。

「我其實最會看人！」朱怡對媒體表示。她大學畢業後，考上華航，當空服員，飛了兩年，跑了很多地方，眼界大開。因為空服員的工作必須在很短的互動中，對形形色色的旅客有適當的反應，因此也訓練了她看人的「眼力」。

從余湘後來的表現證明朱怡沒有「看錯人」，不過奠定朱怡成功基礎的除了「看人」，更是「不看眼前的價值」。朱怡後來決定離開華航時，母親並不很贊成，因為二十年前華航的薪水約新台幣六萬元，而剛找到的貿易公司工作月薪只有三千元，相差甚遠。但是朱怡願意犧牲短時間的高待遇，找一個對長期發展比較有助益的工作。朱怡從貿易公司的祕書開始做起，到採購、打樣、報價，一手包，十二年的時間做到總經理的職位。

這段期間，正值國內出口的黃金時期，她除了管理工廠，也跟著外貿協會「上山下海」的參加各種展覽，尋找商機，在工作中學到很多專業知識與技能。「薪水不是決定工作的一切！」朱怡強調。後來她加入雅詩蘭黛，公司更花費鉅資送她到美國哈佛大學參加商學研究所「高級管理研究班」（Advanced Management Program）的在職進修，成為國際級的專業經理人！

堅守原則，婉拒上門的生意

從余湘看朱怡，就感受到信任有好幾種層面，因為除了能力和專業，更重要的是，關鍵時刻的情義相挺。後來余湘的媒體經營口碑實在太好，連負責LVMH的媒體公司都找上門來想和媒体庫合作。LVMH是世界頂級奢侈品集團，總資產達兩百億美元，擁有五十多個奢侈品品牌，其中包括路易威登、迪奧、軒尼詩、紀梵希、倩碧、嬌蘭等，但卻被媒体庫婉拒了！

媒体庫無法服務的原因是，**余湘認為媒体庫已經有了同質性客戶雅詩蘭黛，儘管合約沒有規定不能接其他客戶，但這樣會讓原有客戶失去信任。**

從這個角度來看，余湘也「不看眼前的價值」，也正是媒体庫拒絕爭取和原有客戶互相競爭的客戶，才會有後來的「霞飛」。

因為當時LVMH急欲開拓亞洲市場，所以代理LVMH媒體的英國Tempus Group和余湘商量的結果，如果媒体庫不能接，但他們又非和余湘合作不可，是否可以合開另一家公司呢？

余湘沒想到自己堅守原則，卻開啟另一種合作方式，但余湘還是堅持取得了朱怡的同意之後，才和Tempus Group合開了「霞飛」。在台灣服務包括了LVMH、賓士，還有DHL等客戶，這些都是在全球競爭的外商，余湘卻用「兩家公司」分別服務競爭的雙方，讓雙方都開拓更多精品市場的大餅。**余湘的「義氣」也開啟了另一種「雙贏」模式**。

不要動我的客戶！

余湘直接對這位老長官、老同事宣示：「不管你想退客戶多少，我會比你多退百分之一，所以客戶一定會留在我這裡！」

氣氛一時凝住，戰爭一觸即發，但余湘的話還沒說完。

媒体庫創立的時侯，也是跨國媒體公司如雨後春筍般成立的時侯，對手怎麼會眼睜睜的看著余湘展開佈局，不趁她還沒站穩時予以重擊？雖然許多客戶都「跟著余湘」，但是對手何嘗不想從余湘最親密、最肥美的客戶連根挖起？

用實力宣示主權

余湘記得有一家對手的公司，利用她過去的同事，虎視眈眈的籌備進攻她當時最重要的一個客戶，後來風聲傳到了余湘的耳中，余湘雖然心中有被設計的感覺，但她還是先假裝不知道，一面先鞏固、保護好客戶，一面研究對手的客戶，當準備完成之後，馬上約這位老同事出來談判！這位老同事以前還擔任過余湘的上司，彼此都很了解，所以余湘就開門見山、單刀直入的說：「我知道你對我的客戶有興趣，但是據我了解，目前客戶對我提供的服務並沒有不滿意，所以別人要搶我客戶唯一的方式，就只有靠退佣！」

所謂「退佣」，就是服務佣金再返還給客戶，簡單的說，就是削價競爭、拚FREE SERVICE。余湘直接對這位老長官、老同事宣示：「不管你想退客戶多少，我會比你多退百分之一，所以客戶一定會留在我這裡！」

氣氛一時凝住，戰爭一觸即發，但余湘的話還沒說完。

「而且只要你向我的客戶談條件，我也會用你的條件，去和你的客戶談，看他們要不要過來我這一邊！」余湘說完，看見「對手」馬上重展老同事的溫和語氣安撫她，余湘才確信「和平」曙光已經悄悄亮起，她才露出小女人的語氣說：「你不要搶我的客戶喲！」

商場上表面的和平，背後是無數戰鬥換來的。余湘深知這個道理，不但要有實力能保護好客戶，更要隨時有「戰爭」的準備。不要說對手想碰她重要的客戶，只要有人敢開戰，余湘就能用實力宣示主權：「你動我一個小客戶，我就攻你一個大客戶！」

靠著「戰爭與和平」，媒体庫站穩了腳步，後來又進一步開設霞飛，誠如前文〈打開媒体庫〉所言，余湘從民視重回媒體界，也重新訓練一批新人，所有紀律、品質和觀念都由余湘一手調教，霞飛也是如此，所以馬上像媒体庫一樣得到客戶的信任。

當跨國的媒體公司，如WPP、OMD等開始進軍台灣市場時，霞飛也很快就成為了被併購的對象，最後Tempus Group和各家跨國集團談判結果，WPP出價最高，於是Tempus Group和余湘商量，把霞飛賣出。

余湘認為，霞飛這家公司本來就是和Tempus Group合夥，既然合夥人有意賣出套現，她也不妨礙合夥人的計畫，把一半的股份也賣給了WPP集團，退出了霞飛的運作。

「媒体庫」吸引美、法媒體集團

沒想到，WPP併購霞飛之後，同時又把眼光看上了台灣最大的本土媒體公司——媒体庫。從WPP併購的策略來看，如果要稱霸台灣市場，一定要掌握台灣本土客戶，如果是用鯨吞挖角的方式，也不一定動得了余湘的客戶，因為余湘和余湘的客戶都很有「義氣」，不如用併購的方式來買下媒体庫。

WPP認為，余湘既然會賣霞飛，應該也會賣媒体庫。所以WPP請過去Tempus Group的主管牽線，向余湘表達希望收購媒体庫的意願。這一次，換余湘猶豫了起來。

首先，媒体庫是余湘的事業根本。**才三年時間，媒体庫就成為台灣最大的本土媒體公司**，證明了本土媒體公司也有一片天，足以和跨國公司分庭抗禮，而且獲利成長快速，為什麼要把「金雞母」拱手讓人呢？

其次，媒体庫都是余湘一手帶出的子弟兵，配合默契極佳，工作起來相當愉快，自己又有主導權，何必要賣給外商，把一手訓練出來的子弟兵推給不同文化的公司呢？

再者，不只是WPP集團對媒体庫有興趣，包括美國的Omnicom和法國的金獅集團都抱著一樣的想法：用併購的方式來買下台灣最大的本土媒體公司。余湘可以整暇以待，不一定要把媒体庫賣給WPP。

被併購，她不一樣

余湘處於被動，於是WPP開始著急了，除了把併購的價格從兩千萬美元提高到三千萬美元，上調了百分之五十，同時也提出了一個最特別的條件：併購之後，不但請余湘繼續擔任媒体庫董事長，甚至擔任整個WPP在台灣的總裁兼董事長！

WPP集團包括了傳立，以及和霞飛合併的競立，已有兩家是余湘領導過的公司。WPP算盤打得很清楚，如果只請余湘擔任被合併的「霞飛」、「媒体庫」總裁，大約只有五十億的發稿量，余湘不一定有興趣，但如果請余湘擔任整個WPP集團總裁，既可以買下余湘的媒体庫，再加上余湘客戶的「義氣」。**只要留住余湘，所有客戶都不會跑掉！**

如果WPP併購了媒体庫，發稿量達到了一百億台幣，將是台灣最大的媒體集團。只不過WPP把整個集團交給「被併購」公司的創辦人余湘來管，這樣的條件，不但別的跨國集團無法提供，在外商廣告界也絕無僅有。

一名資深廣告人指出，跨國公司併購了企業之後，通常「被併」的公司就要歸順成集團的一員，原來的創辦人或團隊最多再待兩年，就由併購集團的主管來接手。

放眼整個台灣外商界，台灣過去最多只有惠普董事長何薇玲，早年是由「被併購」的康柏電腦董事長成為惠普董事長，但是**余湘這次從「被併購公司」，再成為併購集團總裁，跳躍的幅度更大**！直到WPP提出這樣的條件，余湘才開始和WPP展開談判。當余湘把媒体庫的財務報表給WPP看時，WPP的財務人員大吃一驚，原來媒体庫這麼會賺錢，難怪余湘捨不得賣掉，於是WPP主動再將收購媒体庫的金額提高到四千萬美元！

原來，媒体庫的高成長、高利潤，是因為媒体庫不像別的公司，用高薪挖角工作人員。余湘寧願自己訓練、培養高度默契，這樣成本更低、業務能力更強。而對余湘來說，同意把媒体庫賣給WPP，並擔任WPP台灣區總裁，是挑戰，也是「義氣」。因為傳立、霞飛、媒体庫都是她參與創立，她很了解每一家公司的特色和戰鬥力，大家結合之後，可以產生台灣媒體界前所未有的能量。

台灣第一家百億媒體集團就此誕生。這一年，余湘四十三歲，外界已開始用「媒體教母」、「廣告天后」、「百億女總裁」來稱呼她。

粉紅絲帶的挑戰

如何讓「粉紅絲帶」的公益活動更有效的被女性消費者接受？這是當初余湘的挑戰。當節目播完，「粉紅絲帶」活動全台無人不曉，余湘再一次創下了台灣媒體、行銷史上的典範紀錄。

錄影現場觀眾席上、全國電視機前的觀眾，都為這一刻屏息以待，因為別著「粉紅絲帶」的女主角正要揭曉她所選擇的「配對」男主角。

這是曾經風靡華人市場的男女相親節目「非常男女」其中一集。十五年前，這是台灣每週四晚間收視率最高的節目，後來還在全大陸播放，整個年輕未婚族群對這個節目為之瘋狂，更討論節目中相親男女的每一句應答和對白，特別是男女主角最後選擇對方的理由。

所以不只是主持人胡瓜和高怡平知名度急遽攀升，男女主角更是節目焦點，如這一集胸前別著「粉紅絲帶」的女主角就特別說明，她希望自己未來另一半除了家庭責任之外，也重視社會公益責任，就像她胸前「粉紅絲帶」所傳達的意義。

這是女主角在揭曉「另一半」之前特別說明的條件，電視機前成千上萬的年輕未婚男女耳朵都豎得直直，也讓整個「粉紅絲帶」活動很快傳遍了全國。

視每一次的挑戰為機會

「太成功了，這正是我們想完整傳達給消費者的概念！」余湘聽見客戶如此的讚賞，心中的大石也落了一半。特別是電視台製作單位也打電話給她，主持人也盛讚這個「粉紅絲帶」的構想，認為這是「非常男女」最有意義的一集。「能夠娛樂大家，又能傳播正確觀念！」

什麼是「粉紅絲帶」活動？為什麼能讓廣告客戶滿意，又能讓節目更有意義？

簡單的說，「粉紅絲帶」是一個公益活動。只是在一九九〇年代以前，台灣公益活動一向給人刻板、嚴肅的印象，不是含有「政令宣導」的形式，就是「勸人向善」的教條說理，所以當余湘決定向電視台建議「粉紅絲帶」計畫時，節目製作單位都嚇了一跳。

「如何讓客戶的這個公益活動，不知不覺的走進年輕消費族群之中。」余湘回憶。當時的客戶之一雅詩蘭黛集團正在美國本土推動「防治乳癌」的「粉紅絲帶」活動，也想在亞洲市場推動。

台灣分公司希望也能參與推動這個特別的活動，絕不能落在日本、韓國之後。

這個客戶的挑戰，在余湘看來卻是台灣媒體的新機會。

把品牌或是行銷意念植入節目中的「置入行銷」，在媒體界一直是必須小心操作的行銷方式。主要是這種「置入行銷」的手法，如果太粗糙，會讓原本收視的觀眾感覺相當反感，反而讓收視率往下掉；但操作得太細膩、不著痕跡，又達不到「置入行銷」效果。

當時負責「非常男女」的百事傳播公司總經理莊淑瑾指出：「我們做節目的，一向對客戶的置入行銷抱著敬而遠之的態度，因為如果操作不當，會變成雙輸！」

「粉紅絲帶」活動其實是一個發源自美國的公益活動，淵源甚至可以推到美國南北戰爭時代，許多南軍的家庭把黃色絲帶繫在樹枝上，來表達妻子盼望丈夫早日歸來的心情。一九七〇年代，一位丈夫被困在伊朗當人質，他的妻子Penney Laingen將黃絲帶心情寫入歌曲，絲帶從此成為傳遞感情的媒介。

一九九〇年，全球愛滋病防治運動人士決定開始將絲帶作為他們對抗愛滋病毒的標誌，但他們將絲帶顏色變成「紅色」。在那一年，美國最高戲劇榮譽東尼獎頒獎典禮上，著名影星Jeremy Irons將一條紅色絲帶別在胸口，紅絲帶成功地抓住了所有人的目光。

這也是公益活動巧妙結合媒體產生的功效。一九九二年時，美國女性健康雜誌《Self》的主編Alexandra Penney，開始著手編輯最新一期全國防治乳腺癌運動的年刊，她就邀請雅詩蘭黛（Estee Lauder）集團當時的副總裁Evelyn Lauder，擔任全國防治乳腺癌運動一九九二年年刊的客串編輯。她們共同想出了用「粉紅絲帶」來喚起大眾對於婦女乳癌的關注。

女性雜誌主編的想法原本很簡單且明顯，就是希望透過雅詩蘭黛的力量，號召所有化妝品集團巨頭，說服他們將「粉紅絲帶」活動在美國紐約每個化妝品商店內推動發送，也由於雅詩蘭黛（Estee Lauder）的品牌形象，這個活動迅速大獲成功，雅詩蘭黛副總裁Evelyn Lauder更承諾，她將會把「粉紅絲帶」活動傳播到全美國各個角落。

一九九五年開始，雅詩蘭黛更準備開始把「粉紅絲帶」活動推向全世界。女性市場是化妝品主要目標，這和防治乳癌有很高的連結性，而雅詩蘭黛在台灣的乳癌防治活動很快也受到各界的認同，一開始與台北市政府衛生局於新光三越廣場合辦乳癌防治篩檢活動，獲得很大的回響。北市前衛生局局長邱淑媞也親臨會場參與活動。

不過，雅詩蘭黛還不滿足。台灣年輕女性也和歐美女性一樣，是最不喜歡教條傳播方式的族群。如果不能找到好的傳播方式，客戶「粉紅絲帶」的善意等於事倍功半。

大膽的建議，連國外都沒做過

於是客戶找到了余湘，如何讓這個公益活動更有效的被女性消費者接受？這是當初余湘的第一個挑戰。毫無疑問，最有效的媒體是電視，但是什麼樣的溝通方式最符合年輕市場需要？

余湘看上了那時候黃義雄製作的「非常男女」。二十位素昧平生的男女，要在一集六十分鐘的節目中「速配」。王牌主持人胡瓜的連珠妙語，高怡平的機智幽默，再加上俊男靚女們的大膽告白，這不同於一般節目的另類趣味，引人入勝。節目中的「非常話題」，更針對兩性問題深入探討，讓腦袋裡仍存有封建殘餘的內地觀眾雙頰緋紅卻欲罷不能。

「非常男女」見證了台灣地區婚姻及戀愛觀的變遷，節目製作人孔慶霞在媒體上回憶：「當時第一集話題是『怎樣看待婚前性行為』，不但嘉賓面紅耳赤，連編審都猶豫。」

一路走來，「非常男女」的話題觀念越來越OPEN，用詞越來越直接，這正是余湘所希望的節目效果。把過去大家很少談及的女性癌症話題，放進這樣的節目內，但問題又來了：如何讓這個活動的理念完整呈現出來？

如果是主持人來宣導，這又和傳統活動一樣；如果用特別來賓，又好像和節目流程格格不入。最後余湘建議，何不讓雅詩蘭黛自己團隊中的未婚女子參加節目相親，自己胸前別著「粉紅絲帶」作為交友的重要條件，讓這個活動更渾然天成？

這種做法在國外也沒有試過，雅詩蘭黛一開始也很猶豫不決，但是既然余湘都已用

「非常男女」的收視率來做保證，雅詩蘭黛也決定共襄盛舉。節目播完，「粉紅絲帶」活動全台無人不曉，余湘再一次創下了台灣媒體、行銷史上的典範紀錄。

從臨時到即時

《動腦》雜誌社長王彩雲有一次詢問客戶：「你們為什麼這麼滿意余湘的公司？」

這名客戶回答：「很簡單呀！只要各種臨時狀況，不管是要把廣告拉下來，或是廣告臨時要上檔的各種疑難雜症，余湘一定全力以赴！」

台灣廣告界歷史最悠久的《動腦》雜誌三十年來辦過無數場行銷和廣告的研討會，《動腦》雜誌社長王彩雲曾邀請了無數的廣告主和行銷人員來討論廣告的功效和趨勢，也聽過了各種客戶對代理商的抱怨，但是她印象最深的是，竟然從來沒有人抱怨過余湘！

不管是對產品的了解、活動的配合、品牌的造勢等，客戶總是對代理商有各種的挑剔，但是她發現只要被余湘服務過的客戶，都只有滿意，沒有抱怨。有一次，王彩雲實在忍不住了，在一次研討會後她私底下詢問客戶：「你們為什麼這麼滿意余湘的公司？」

余湘到哪裡，我們就跟到哪裡！

這名客戶回答：「很簡單呀！只要各種臨時狀況，不管是要把廣告拉下來，或是廣告臨時要上檔的各種疑難雜症，余湘一定全力以赴！」

王彩雲這才發現，**原來媒體公司完成計畫上的安排不稀奇，連計畫之外的突發狀況也理所當然視為工作的一部分，這是余湘的成功之道。**王彩雲解讀，把客戶的事當作自己的事，而不是媒體公司分內或分外的事，也難怪許多客戶說：「余湘到哪裡，我們就跟到哪裡！」

七福傳播公司廖婉池就指出，他們後來同樣都面對共同的客戶，有時她也會向客戶打聽，為什麼他們這麼信任余湘，客戶的回答都很簡單：余湘很專注幫我們解決問題，這就是專業。

南僑集團品牌杜老爺總經理周明芬曾表示：「到今天南僑還是只認余湘，余湘換公司，南僑就跟著換！」周明芬甚至指出，即使今天余湘已不直接服務客戶，由屬下負責，他們還是很放心。「因為她帶出來的人，和她一樣專業與敬業。」

杜老爺旗下的產品「曠世奇派」雪糕，是冰品市場的龍頭，保持雪糕品類中百分之四十五以上市佔率，原因除了從生產到銷售每個環節，都兢兢業業的經營外，加上年年推出新產品，給消費者接連驚喜。周明芬認為，更重要的是，「持續對品牌投資+成功的媒體購買」方程式，才是讓杜老爺曠世奇派獨佔鰲頭，領先競爭者的重要因素。

周明芬記得二〇一〇年全台「瘋世足賽」那年，拜章魚哥、德國隊之賜，足球突然變成熱門的話題。余湘的團隊就在臨時的狀況下，幫「曠世奇派」爭取到重要賽事的場次，安排曠世奇派的廣告成功曝光在重要段落。「曠世奇派」雖是全年販售型產品，但有明顯的季節差異，畢竟夏天才是雪糕銷售旺季，但為了達到全年的媒體聲量，余湘的團隊建議杜老爺運用有限的媒體預算，在旺季時全力衝刺「主流媒體」，以達到最大的曝光廣度及頻次；在非旺季時，則以平面與公關來維持品牌的曝光，來表現曠世奇派young、trendy、healthy、outdoor、fashion、full of energy的品牌個性。

為了確實抓住市場上這一群想像力豐富、追求流行、勇於嘗試新事物的目標消費者的生活形態，余湘的團隊在媒體企劃上也特別為杜老爺加入多元化的媒體創意，例如在廣告初期，鎖定目標客群喜愛的洋片台、體育頻道等，製作了短秒數的進出口卡，來加深消費者對廣告的重點印象。

周明芬分析，媒體預算通常是行銷預算中最大筆的支出，所以和代理商合作更需要建立在長期的了解與信賴上，身為客戶才可以放心媒體公司的專業安排。**「因為余湘的團隊把顧客的錢看成是自己的錢，所以讓我們的每一分錢都花在刀口上！」**周明芬強調。

但周明芬最佩服余湘的地方，是**每一年余湘和南僑談新的年度媒體計畫時，「她都是歸零、放空，回到原點，重新將基本的問題再一一做思考。」**周明芬觀察余湘從不以為今天和昨天是一樣的一天，永遠自我顛覆、自我超越。周明芬感嘆的說，社會在變、市場在變、消費者在變、媒體在變，唯一不變的是「變」，做廣告行銷的人必須非常戰戰兢兢。

為什麼客戶喜歡你？

余湘不但為改變而做準備，應該說，只要是客戶的事，不一定是在媒體業務裡的事情，也都是她「準備」的範圍。

「×××速食公司的炸雞產品宣佈漲價了，許多消費者都趁漲價前夕前來排隊……」

「×××汽車公司的二〇〇六年份汽車出現了瑕疵，現在可能要全面的召回維修，請消費者要注意自己的權利……」

余湘平時就會緊盯著電視畫面，注意新聞內容的發展，因為這些報導的對象極有可能是她的客戶。

如果是余湘的客戶，她有時會直接打電話給負責業務的同仁叮嚀，要主動詢問客戶需不需要協助，如果報導的內容有助於客戶突顯產品特色，可以再提供更多資料；反之，則提供不同的素材來平衡報導。

「我對余董印象最深的，則是她動員媒體支持客戶的能力！」2008媒體行銷公司執行長郭育甫，看見余湘對客戶的「百般呵護」，如果集團旗下有客戶開記者會、產品發表會，甚至客戶的社會公益活動，明明不是和媒體公司直接相關，但是余湘都會叮嚀負責業務的人員：「你們一定要多多讓電視台採訪記者知道這個活動的重要性喲！」

所以余湘客戶的記者會都很熱鬧，因為除了成群結隊的平面記者、攝影記者的長短鏡頭之外，還包括了十多家無線、有線電視台的直播團隊，讓活動有面子，也有裡子。

愈是不景氣，愈要增加更多服務，而不是因為不景氣而減少開銷，這是余湘的「逆向思考」邏輯：因為客戶已經受到不景氣之苦，全力奮戰，媒體公司怎麼可能不增加服務來支持客戶呢？**余湘要員工常常自問：「為什麼客戶喜歡我？」**

事實上，媒體公司的崛起，不只是廣告公司受到影響，連整個台灣的公關行業也受到了一定程度的衝擊。因為，從媒體公司的影響力來看，過去公關公司擅長的行銷造勢、議題包裝、危機處理，現在反而變成是媒體公司服務客戶的機會，媒體公司自然不會放過這一塊大餅，搶進公關公司所擅長的市場，因為，媒體公司和電視、報紙、廣播的共生關係，要比公關公司強很多。

服務客戶，一秒都不放過

首先，是行銷造勢方面，除了購買時段和活動，想要引起媒體的注意和報導，藉著畫面感染更多觀眾，這就要靠電視台的攝影機。由於每一家電視台有七到八成的營收都來自媒體公司，電視台很在乎媒體公司；反觀，和公關公司就沒有這麼緊密的結合。郭育甫指出，公關公司能把電視台的人找到，卻不一定能讓他們出機，「但我們可以！」

再者，是議題包裝上，主要是話題散播能力。比如：流行如何保持健康的話題，或是環保綠色的趨勢，余湘有許多客戶都是屬於這類趨勢的產品，就可以借力使力，來搭配這樣的話題散播各種報導。

最後，是危機處理。例如：有消費者受傷，或是產生消費的糾紛，過去這是公關公司最擅長處理的部分，快速找到問題的核心，並針對主要問題進行溝通，但是媒體公司由於和電視台、平面報章的關係更為密切，所以溝通的時效更快速。有了時效做後盾，解決危機處理的能力，更非傳統公關公司所能及！

但是媒體公司還是必須搭配客戶來運作，因為對客戶來說，有時看似「負面報導」，反而是一種溝通的機會，讓消費者更快了解事實真相。危機反而是一種轉機，可以省下很多廣告費。

余湘領導下的公司，每一個地方都有電視機。無時無刻，她要求每一個單位都有人

「監看」媒體，有什麼新的話題？有什麼特別的產品？有什麼危機？對余湘來說，每天二十四小時都有機會可以服務客戶，這不只是「臨時」會接到客戶命令，而是「即時」能配合客戶！

第四章

做她朋友真的很幸福

沒有她，就不會那麼快有TVBS

余湘斬釘截鐵的告訴陳禎祥，有線電視一定會起來，因為觀眾有這樣的需求，客戶也有這樣的需要！

果然有線電視從不被看好，到後來完全主宰台灣的媒體市場。

台灣最懂媒體的人

每次別人問起余湘經歷台灣電視從無線到有線、變化最大的十年，余湘為什麼可以成為最大的贏家，是不是有什麼應對的策略？而未來的十年要怎麼變化，要如何因應？

余湘對這一類的問題很不適應，因為她不是「神」，沒有辦法預言，也不想如「事後諸葛」般向外界強調自己眼光如何精準。第一，她雖然知道媒體一定會變化，但沒有人真的知道產業變化的方式；第二，這個世界太複雜，如果說有一種理論可以說明變化，就太自欺欺人；第三，變化的因素太多，如果貿然做出猜測就太不負責任。

就像有線電視剛剛在台灣市場崛起時，無線電視三台獨大的時代，誰會想到十年後台灣電視由一百多個有線電視頻道所瓜分？因為頻道愈分愈細、媒體企劃和採購也就愈來愈專業，誰又能預見余湘掌握了這種趨勢？

但是，從台灣之外的產業人士來看余湘，就感覺到她為什麼可以緊緊扣住台灣產業脈動。二十年前就來台灣開拓市場，前TVBS總經理，目前擔任數碼盈科總監的陳禎祥指出：「余湘是一個有遠見的人！」

陳禎祥還記得最早來台灣，是在李澤楷買下Srar TV時，準備來台灣開展。Star TV也是最早來台灣探路的有線衛星電視，當時台灣民眾已經開始裝小耳朵，收看更多外界的頻道節目和新聞訊息。說明當時只有三家無線電視台的內容提供，已經無法滿足台灣觀眾。

說起台灣近代電視史，陳禎祥絕對是一位關鍵人物。當時他來台灣開拓市場，還是宋楚瑜擔任新聞局長的時代。他把第一部港劇「楚留香」賣進台灣，造成萬人空巷，三家無線電視台都搶著播，也直接衝擊台灣電視產業。前TVBS董事長邱復生當時主要是做廣告和錄影帶等生意，那時邱復生就希望爭取香港無線電視台來台灣開拓市場，一起把有線電視做大。

陳禎祥主要是透過Star TV的合作夥伴——和信集團，來了解台灣的市場，包括辜啟允、葉文立等，都是他最初接觸的對象。當他進一步想了解台灣廣告媒體業務時，葉文立就說：「我介紹一位最懂台灣媒體的人給你認識！」這個人就是余湘。

她的答案和別人都不一樣！

余湘那時擔任聯廣媒體部門總監。陳禎祥說，那時他的國語不好，但是余湘很有耐心聽他的問題，而且給他最多的幫忙。

主要是邱復生一直力邀香港無線電視台來台灣成立TVBS，但是陳禎祥向許多媒體業務打聽的結果，大部分廣告客戶對有線電視的媒體效應是「負面」的。因為能上電視廣告的通常是大品牌，而這些大品牌主要是用「主流」的無線電視台打廣告，這些大客戶不會支持有線電視。

陳禎祥同時也感受到台灣觀眾對三家電視台之外的訊息有一種需求，否則不會有這麼多小耳朵，但是如果廣告客戶不支持，他也不敢貿然進入。正在舉棋不定之時，他想起了余湘，於是就去拜訪余湘，希望聽一聽她的意見。

「我很驚訝她的答案和別人都不同！」陳禎祥記得他當時問余湘，有線電視到底有沒有辦法在台灣存活下來。余湘斬釘截鐵的告訴他，有線電視一定會起來，因為觀眾有這樣的需求，客戶也有這樣的需要！

有了余湘肯定的答案，陳禎祥決定大膽進軍台灣，成立TVBS。除了戲劇之外，並且成立台灣第一家二十四小時的新聞頻道，果然大受歡迎。廣告主開始把廣告放到有線電視，連過去一向獨佔霸主的台視新聞光環，也開始褪色。

把客戶看得比什麼都重要

陳禎祥回憶TVBS創立之前，為什麼一直無法得到媒體人員肯定的答案，原來是這些媒體人員習慣了和老三台做生意，而且關係很好。每天晚上都和無線電視台的人喝酒，當然不支持廣告給有線電視台，一直到遇到了余湘。「我想或許是因為余湘不喝酒應酬，才會有客觀的答案。」陳禎祥指出，她完全是從客戶的角度思考，而不是光從電視台的角度思考。

從市場最基本的需求思考，才會有更廣闊的格局，所以陳禎祥遇到台灣媒體界的朋友時常嘆謂：「如果不是有余湘的認同及肯定，也不會這麼快有今天的TVBS！」

除了TVBS，最早一家有線電視台是超視。當時超視的業務由丁乃竺和邱珮玲負責，邱珮玲記得當時自己根本沒有跑業務經驗，但是丁乃竺介紹她和余湘碰面認識之後，余湘第一次碰面就鼓勵她。「這個業務，妳一定扛得起來！」

有線電視在當時是不被看好的頻道，自己又是新手，之前經營最大的事業只有「貴婦們」餘暇投資的花店。邱珮玲還記得自己從十秒鐘廣告賣五百元新台幣做起，包括第一批客戶和泰汽車、義美食品、味全和P&G半信半疑把業務交給她，竟然一點一點做出成績。正如余湘所言，自己有做業務的能力，客戶願意嘗試，媒體代理商又願意推薦，她也更有自信，竟然把超視的業務帶上了軌道！

邱珮玲印象最深的是余湘的「公正」。邱珮玲說：「當初超視的廣告有不同的業務路線，其中一半是屬於前傳立的同事負責，但是後來這位前傳立的員工要把屬於我的業務吃掉，余湘並沒有因為是傳立的老同事，而對我不公平！」邱珮玲說，余湘對新人和舊人，一視同仁，給予公平的舞台，讓她很感激。

「很少有女性這麼冷靜的。」邱珮玲認為。美麗的女性容易情緒化，但是和余湘接觸當中，余湘可以有氣度的對待後進，又能公平的就事論事，所以後來有線電視崛起，超視如果有一些廣告超秒的情況，她一定優先給余湘的客戶。

有線電視的崛起，不但改變了整個無線電視台的生態，例如：過去做外製外包的節目也完全停止；整個媒體行銷環境也完全改變，客戶可以更精確的找到自己目標的市場，分眾走向更為細密，播映日本劇的頻道適合家庭主婦、播映科學內容的頻道則受白領階層的歡迎。

有線電視從不被看好，到主宰台灣媒體市場，余湘認為，當時有線電視還不是主流，但也是客戶產品的行銷機會，所以她也比別人更認真的把有線電視介紹給客戶，而不是她想去掌握什麼「趨勢」。重要的是，讓客戶成為有線電視發展最大的贏家！

12 18 '95

幫美人，美事不只一樁

于美人從二〇〇八年開始，就和幾位好朋友成立「做好事小組」，義賣「棗點做好事」的蛋糕。

于美人沒有告訴余湘，「做好事小組」是在余湘的感恩餐會之後，受了余湘的感染而成立的。

生命，是為了去愛

談話性節目主持人于美人是在余湘發病前一天才彼此認識，但是對彼此人生的改變已埋下伏筆。于美人記得，那一天是在何麗玲家裡聚會，余湘是最晚到達的客人。一襲長髮、白襯衫，看起來就像每天要忙很多事情的人，果然一經介紹，正是WPP集團的總裁。于美人記得那天余湘話不多，也可能是白天工作累了，因為于美人發現後來的余湘其實相當健談，這當然是大病之後的事了。

聚會後兩天，就從何麗玲處聽說這位一面之緣的朋友重病昏迷，一度瀕臨植物人，卻又斷續的聽到余湘奇蹟似的復活。

一直到二〇〇八年十月份，于美人收到了余湘生日的邀請卡，她還不確定是不是那位她認識的幹練女人，沒想到和何麗玲到感恩晚會會場，余湘一看見她就露出了溫暖微笑說：「美人，你來了！」

于美人原本以為這只是一般感恩年終Party。餐會上，忙著和新朋友打招呼，直到看見吳哥哥上台獻花給余湘，大男人的眼眶中泛著激動目光，世故卻敏感的于美人感受到那種走過死亡最艱難的生命力，靠著恩愛夫妻的感情和感謝，也體會到了吳哥哥所強調的，生命是流逝的時間，如果不是用來愛，就沒有了意義。

這個畫面像一顆種子讓于美人的心田深處悸動了一下。于美人和余湘雖才認識不到一年，但是于美人的好朋友們很多都是余湘的好友，如雅虎的鄒開蓮、何麗玲、范可欽等，所以當鄒開蓮、范可欽夫婦開始上台飆歌時，于美人也拉著何麗玲說：「別人都唱英文歌，我們拚不過，就來唱台語歌好了！」

平時不輕易在眾人面前唱歌的于美人和何麗玲，可能也受了吳哥哥要「珍惜時間」的感染，點了曼波節奏的〈愛情恰恰〉，把現場的氣氛炒到了最高潮。

這看在坐在台下席間的「柏公」林柏川眼裡嚇了一跳，原來于美人除了談話節目外，還能放能收，也種下後來于美人在八大電視台開了一個新節目「WTO姐妹會」的機緣。

當「愛余湘的人」齊聚一堂

在生病之前，余湘就常利用各種聚會，讓自己的朋友彼此認識，促成合作機會。前華納亞洲區總裁周建輝就曾指出，**余湘最讓朋友感念的，就是她會用最自然、卻最有效率的介紹方式，促成許多好事。「這是余湘最高明的方式，也是做她朋友最幸福的地方！」**

感恩餐會就是「愛余湘的人」彼此認識的最佳場合。而在感恩餐會之後的兩年時間裡，于美人常跑去找余湘聊天，甚至找余湘上自己的談話性節目，也更了解這位台東來的女性，如何成為媒體界教母的歷程。于美人認為余湘最大的特色，就是會無時無刻給別人機會，先想到能為別人做些什麼，即使是大家都很討厭的人，她也不會輕易評斷，所以她生病時這麼多人願意幫她祈禱。

「別人眼中的困難，就像她抬頭看見天上的烏雲，只是一筆墨染。」于美人形容，和余湘的談話之中從沒有聽她抱怨，讓她學到很多，甚至很多是包括自己職位以外的雜事，余湘也從不退縮，也不會去看這件事情有沒有回報。不像現在年輕人，做什麼事情馬上就要求當下的回報。

余湘和于美人雖然沒有直接的業務關係，但她也曾鼓勵于美人，要做「台灣歐普拉」，不但是有名的主持人，更是對社會有影響力的人。「余湘的格局就拉這麼高！」歐普拉只主持一個節目，但是節目製作經費高達上百萬美元，這在台灣談何容易？于美人雖然無法只主持一個節目，但是她也不放棄做出好節目，來提升台灣媒體的正面力量。于美人認為，現在台灣的媒體市場是處於「東周」的戰國混亂時期，馬上就會有據地為王的七雄崛起，而未來的分眾時代，只會愈分愈細。

在這樣競爭的情況之下，她製作主持了「非關命運」的節目，內容以關心社會各階層生活感情為主。節目的網站每一小時都會接到觀眾留言，也讓媒體達到更多溝通的效果。「我覺得該做的事情，只要有實力和能力，就應該去做！」于美人說，這一點，她和余湘的想法很像。

早就賣完啦！

于美人與大病後的余湘深交，發現她和之前最大的不同，除了還是一位重視事業的女強人，更是一位重視「享受」的女人。享受別人對她的回報，也享受她對別人的幫助，特別是享受「該做就要去做」的理想。

「年輕人有很大的理想，但一定要有實力，否則就是空想。」于美人說，如她從二〇〇八年起，就和幾位好朋友成立了「做好事小組」，義賣「棗點做好事」的蛋糕。

那是她用加拿大遊玩時學到的食譜，用加州蜜棗做成的蛋糕，加上在媒體界、行銷界的多位朋友利用他們餘暇和專業來行銷，第一年就賣出了兩萬條，義賣所得兩百萬元，全部捐給了花蓮門諾醫院老人收容區，其中余湘就買了五百條蛋糕。

不用花很多時間就達到「做好事」的目標。第二年「做好事小組」推出「蘋安做好事」的蘋果年輪蛋糕，由於口味細緻，不到三週全部賣完，將幫助在八八風災中經濟弱勢的花東學童。主要是因為于美人認為，社會上義賣的商品較為粗糙，讓許多好心人士將就將就，但長期下來反而讓人對義賣商品不感興趣，所以「做好事小組」推出的商品都是試吃再試吃，並且建立口碑，等到余湘問起第二年要買多少條時，于美人告訴余湘：「阿姊，我們早就賣完了啦！本來是想萬一賣不出去再找你全包，但是現在不用了，所以才沒告訴你！」

于美人還有一件事沒有告訴余湘，其實「做好事小組」是那一天感恩餐會之後的除夕夜成立的，成員大多是那天參加餐會的成員，包括于美人、溫筱鴻等，再加上媒體人許心怡、吳恩文等，主要是于美人參加完餐會實在太感動了，在續攤的「轟趴」時，號召大家為了要把握每一天去愛，決定從新的一年趕緊開始去愛、去做好事。雖然大家平時都很忙，沒有時間去組任何慈善團體，但是每一個人只要用一點點小小的力量，就可以實際幫助別人，改變社會。

這是**于美人從二〇〇八年參加余湘感恩餐會後最大的改變：不需要很有錢，就可以用自己的實力和能力，讓社會變得更好。**

「廣告教父」看「媒體教母」——十字路口上的堅持：孫大偉看余湘

「她真的有拿破崙的雄心！」孫大偉這麼形容余湘。

在孫大偉眼中，余湘就是能把每一個挑戰、每一個危機都視為向上發展的機會。

二〇一〇年九月三日，孫大偉腦幹出血的消息傳出之後，病情始終沒有好轉，孫大偉的好朋友余湘和吳哥哥，也寫了一封信給孫大偉的夫人，內容大意如下：

大嫂：大偉始終未醒，這段日子，您與家人所承受的煎熬令人難以想像！眼下的階段，醫院的說法大概是：人事盡，聽天命！當初余湘陷於數日昏迷，醫院亦如是說。大嫂，在這個世界上，奇蹟……是存在的！余湘的康復是一個奇蹟！大偉，現在也需要一個奇蹟！

其實，大偉與奇蹟之間的關係本來就不生疏！只是這一回，大偉被迫處於相對被動的位置。這一回，如果要創造奇蹟，居於主導位置的，必須是您與小牛小馬以及所有關心大偉的人。

大嫂，精誠所至，金石為開……雖然是一句老生常談，然而，就在這八個字的老生常談之中，其實已經明白指出了奇蹟發生的必要條件。

金石為開……是奇蹟的發生，精誠所至……是奇蹟發生的必要條件！

……我們深切地期盼，眾人共同的心念能夠感動天地，能夠讓發生在余湘身上的奇蹟再一次地顯示在大偉的身上。

么九么九，要救要救，一九一九，一定要救！

大嫂，您在堅持信念的同時，切記保重身心。以上。

余湘／吳力行　二〇一〇年十月六日

一聊起余湘，精神馬上就來

十一月七日，孫大偉的命運終究做出了選擇，台灣一代廣告教父進入了另一個世界。余湘十二月六日參加孫大偉畢業典禮時，想起她在奧美時每次看見不平之事，第一個想要傾吐的對象就是最夠義氣的大偉。

事實上，孫大偉九月三日中風送醫之前的一週，坐在自家廣告公司會議桌的長凳上，背後貼著他長期客戶裕隆汽車的最新廣告，談起了他二十年前的奧美同事余湘：「我覺得她就像是科西嘉島來的拿破崙，不但領導了整個法國，更征服了整個歐洲！」

當時孫大偉神情就略顯疲憊，但聊起余湘，馬上精神就來了。孫大偉認為他和余湘一樣都是來自台灣邊陲地帶的鄉下，余湘來自台東，孫大偉則是來自屏東，卻都在台北都會中的廣告圈裡佔有了一席之地。

孫大偉是廣告界公認的「廣告教父」，主要是他擔任奧美廣告創意總監的時代，開啟了台灣行銷界中最豐饒亮麗的年代。孫大偉認為不只是余湘，那時的每一個同事都很優秀，從鄒開蓮、幾米、曾陽晴等。孫大偉一直希望出一本書來紀念那個時代，每個人都寫兩千字對奧美的感覺，當然也包括當時不願接受不公平升遷而從奧美堅持離開的余湘。

余湘之所以會在離開奧美之後繼續壯大崛起，孫大偉覺得有三個原因：第一個原因很簡單，「在黃埔一期，只要沒死，現在都是將軍了啦！」孫大偉半開玩笑的說，但是他又加了一句：「要不死，其實很難啦！」

孫大偉認為第二個原因，是大家不願意正視台灣廣告行業結構性的轉變，但是余湘勇於面對改變，進一步掌握改變，讓余湘有了今天的影響力。事實上，到今天還是有許多人無法接受台灣廣告產業和過去十年的結構大不同，包括對廣告業的定義、組織的功能、權力的分配，而必須用更寬廣、全方位的角度來看。孫大偉舉例：「現在的奧美集團，不是就由公關出身的白崇亮在率領嗎？」

她真的有拿破崙的雄心！

不管是媒體出身、公關出身、直效行銷出身、創意出身，今天的廣告產業版圖是當初所想不到的，台灣廣告界早就不是過去那個「廣告界」了。很有趣的是，孫大偉認為，當年兩個女人的轉變，正是台灣廣告界的縮影，一個是莊淑芬的崛起，一個是余湘從媒體界崛起。

宋秩銘當年領導整個奧美，表現出來的是一種對創意和理想的堅持，從孫大偉作為一個創意總監的觀點，可以為了創意和客戶大拍桌子，從很多的「小抉擇」，慢慢累積變成「大抉擇」，如莊淑芬、鄒開蓮、黃麗燕等早期的業務人員，也都有奧美這種「堅持」自己想法的特質，就是在面臨每一個十字路口時，還是選擇自己要去的方向。

「但我認為莊淑芬轉戰大陸的那一年，代表的是台灣廣告界一個時代的終點。」孫大偉說。這代表台灣市場已經沒有空間了，也代表新的遊戲規則即將建立。

而在余湘眼中的「大偉」，就是有情義、有擔當的創意人，所以余湘記得當年決定離開奧美時，第一個就是和眼中的「大哥」孫大偉告別。孫大偉認為，余湘能成為廣告界中「拿破崙」型的人物，第三個原因是她作為女人，「卻有男人的霸氣和果斷」，而作為一個經營者，又有「女性的細膩和敏感」。

廣告人通常要有一種特質，就是把問題看成一個機會。余湘能從大環境改變中展現出優勢，又能從團隊中走出自己的機會，復出之後又能繼續併購。

「她真的有拿破崙的雄心！」孫大偉說，余湘現在已不用向別人證明什麼了。下一階段的余湘，必須選擇自己真的想做的事，並且「做別人不敢做的，打別人不敢打的架！」

從廣告是媒體的上游，變成媒體可能引領廣告業，反而變成廣告上游的形態，會減損這個行業的「創意」嗎？

「媒體經營當然也需要創意！」孫大偉指出，例如：如果一支廣告和聽覺的感性溝通有關，他可能會把廣告的媒體預算，全部砸在廣播上，而這種策略就是「創意」的一部分。

這種創意，當然也是「生意」的一部分，余湘就把這種生意做得很好。孫大偉總是強調，廣告就是生意的一種，創意就是生意的手段，有時他看見「原創」的成分愈來愈稀薄，但是無損作為生意上的本質，這是客戶要做的抉擇，也是廣告公司自己要做的選擇。

孫大偉見證了台灣廣告一個時代的奇蹟和延續，時代也因為他而更充滿傳奇。對余湘來說，有大偉這樣的朋友引領，時代會延續，而且更加傳奇。

介紹一個大善人和你認識

黃越綏興奮的對何麗玲說：「我一定要介紹一個大善人和你認識！」這個「大善人」指的就是余湘。

朋友之間最珍貴的禮物

影劇版面最喜歡追逐的何麗玲，媒體上總是低調不多言，但她出現在春天診所會客室時，卻展現了完全不同的親和力。何麗玲之所以是媒體最愛，主要是因為她交遊廣闊，總是和許多有來頭的人連在一起，但是何麗玲說，朋友很多，但是真正知心的朋友不超過五根手指頭，而余湘一定是其中之一。

何麗玲一手創辦的診所已在信義路上開業十年，她向求診者親切的問候，和醫生討論器材的問題。「我和余湘一樣，都是屬於細心的人！」何麗玲談起余湘，雖然是不同領域的朋友，但是彼此做事風格很像，所以才會很「Close」。

何麗玲說有一次，原本有一位朋友約了她們午餐，後來正好大家臨時有事取消了聚會，通常飯局散了有機會才擇期再約，但余湘會馬上再詢問何麗玲，補上新的時間。何麗玲說，物質，大家都有了，朋友之間能夠給予彼此「最珍貴的禮物」，就是彼此的「時間」，這年頭誰沒有飯吃？重點是一起聊天時的關懷和分享。

這也是何麗玲認為自己和余湘第二個相似之處，也就是義氣。如有些人「吃飯」只是隨便講講，何麗玲和余湘一樣，愈忙碌愈會重視和朋友分享的「時間」，所以何麗玲和別人吃飯絕不遲到，甚至還會提早五分鐘到達。對她來說，這不只是禮貌問題，而是重視朋友的時間和真心付出。

余湘記得，有一次一位國外客戶的總裁來訪，余湘想炒熱飯局的氣氛，就約了何麗玲一起吃飯，何麗玲不但一口答應，而且和客戶打成一片，讓客戶連下一個行程都延誤了，這說明了何麗玲的魅力，也說明了何麗玲為朋友賣力演出，餐會當然是賓主盡歡。

余湘和何麗玲共同處不只於義氣，兩人的第三個共通點是對社會活動參與，一起親手去回饋社會。兩人正是因為國際單親家庭協會的活動，由黃越綏老師介紹認識，當時黃越綏興奮的對何麗玲說：「我一定要介紹一個大善人給你認識！」

這個「大善人」指的就是余湘。

認識之後，她們才發現除了工作之外，彼此都很熱心社會公益，何麗玲不諱言，一般女性不喜歡把錢捐給不認識的人。女人有錢，喜歡去買包包，買名牌衣服，但是何麗玲

很早就和當年股市「四大作手」之一邱榮安的太太，一起去參與「善願愛心協會」的活動。

和余湘一樣作為女性領導者，何麗玲認為，目前社會給的壓力愈來愈多，但面對逆境之後，更要懂得學著做自己。

何麗玲認為：「人最珍貴的資產，就是年輕時遇到的挫折！」這也是為什麼她和余湘會愈來愈重視社會參與，因為藉由更多的了解和關懷，能讓更多的「挫折」化為向上的力量。何麗玲還認為，領導者不論男性、女性，其實都會有兩種特質：一是好奇心，二是責任感。這兩種特質主要來自於關心四周環境，好奇心讓人學習和成長，而責任感讓人每一天都願意迎戰困境。

因此何麗玲發現，開了刀後的余湘，比過去更深刻感受到喜悅的光澤。這一切來自於知福惜福，而且不畏挑戰。除了想讓生命的每一天都活得更有意義，也看見其真正的價值。

打造讓人才繼續發揮的舞台

這是何麗玲看余湘及對金錢的價值觀，兩人做法其實相互「輝映」。何麗玲曾被台灣《Money》雜誌選為最會理財的女性之一，也是許多年輕人心目中「財」貌兼具的偶像人物，但是她對金錢能帶來的「幸福」充滿了保留，她認為金錢若要和快樂、幸福劃上等號，必須做到下列三點：

首先，是讓自己的金錢變得有意義。何麗玲指出，余湘買下新公司，把新擴張的事業看作是讓人才繼續發揮的舞台，也是更上一層樓的挑戰，不怕外界質疑，就像她十年前投資了春天診所，很多人都質疑她，又不是醫生背景，如何可以經營好醫療體系。

何麗玲認為，一項事業做好、做不好是「管理的問題」，這是她設定「自我超越的目標」，而十年過去了，春天診所穩定的成長；另一方面，也有朋友勸她，如果要賺錢，何必要這麼辛苦？對何麗玲來說，這是一項有意義的事業，讓忙碌的現代人能找到由內而外的美麗，這不是光用金錢可以衡量的成就感。

其次，是理性支配。像她身邊許多事業有成的朋友，一輩子辛苦打拚，都說為了下一代。她每次都提醒朋友，絕不要留給自己的小孩全部的錢，一定要留時間自己來花錢，因為下一代如果不爭氣，留再多的錢也沒用；下一代如果爭氣，留了再多意義也不大。何麗玲認為，父母留給下一代三分之一是最合適的，剩下就要思考怎麼花最有意義。

再者，金錢要能幫助別人。例如：她每次把錢捐給需要的人，就會感覺到金錢的確可以解決困難，而她也從中了解各種不同命運的坎坷。有人天生下來就肢體殘缺，但是仍然樂觀以對，這種人生她不曾經歷，卻可以讓她看見更多的人性奮鬥和生命價值，也就能特別了解惜福。「外在的批評和自己的挫折，又算得了什麼？」何麗玲強調。

是熱心，不是公關

莊淑瑾對余湘最好奇的地方是：為什麼余湘不參加晚上應酬，生意卻可以愈做愈大？原來余湘高明地將「浪費時間」的應酬和公關活動，同時化為業務和管理兼顧的方式。

「健康體驗營？還要五天？開什麼玩笑，我怎麼可能走得開！」現任百是傳播總經理莊淑瑾記得大約是十二年前的歲末除夕時節，接到了余湘的電話，讓她嚇了一跳。

最「健康」的邀約

原來是余湘邀她在跨年元旦的假期時參加一個「健康體檢」活動，而且全程活動都要住在指定的定點、參加指定的活動、吃指定的食物。問題是「跨年」是最忙的時候，也是綜藝界一年中的重頭戲。百是傳播是國內最大、歷史最悠久的綜藝節目製作公司之一，由電視製作人黃義雄所創辦，旗下合作的主持人包括了胡瓜、高怡平等。

莊淑瑾記得那一年的跨年活動正好是市府前的晚會，不但現場高達數萬人，而且電視轉播更是全國都在收看。百是傳播公司負責全程策劃，容不下一絲輕忽。

按照莊淑瑾的個性，是不可能在這樣的大活動來臨前離開職位，特別是現場直播的晚會活動。如果人不在現場，也一定會在辦公室，更不要說一下離開台北市五天。但是說也奇怪，莊淑瑾接到余湘邀約電話之後的第二個星期，就告訴余湘，她決定參加這個活動。「或許，這是超過二十幾年的老朋友間一種特別的直覺吧！」莊淑瑾笑說。

莊淑瑾說，她和余湘都是少數在媒體圈裡長期工作的女性，從無線做到有線，從外製節目做到外包節目，但是兩人很少黏在一起，都各忙各的。她說，二十年前有一次余湘突然問她，未來兩人可以一起去國外進修。當時，莊淑瑾聽了嚇了一跳，我們每天從早忙到晚，哪還有時間可以計畫進修？後來，余湘做到了，當時莊淑瑾就了解余湘有著別人所沒有的企圖心，以及不斷追求成長進修的雄心。

「我從包國良時代就認識余湘了！」莊淑瑾還記得她們當年總是約在華視附近的咖啡廳裡，每次一起吃飯，莊淑瑾「不喜歡吃」的部分，都是余湘「正好喜歡」吃的部分，像是吃魚，她不喜歡吃魚肚、不喜歡吃硬的水果如芭樂等，都交給余湘「解決」，朋友之間的「互補性」極高！

余湘也知道莊淑瑾不喜歡無謂應酬，所以余湘會找她去聽一些演講、上一些課程，例如：「健康營」的活動後來還改變莊淑瑾的生活方式。

所謂「健康營」，就是由健康專家重新安排日常活動、檢查項目，再配合進食的餐點生活，和自己過去的飲食完全不一樣，其中也有安法抗老診所的醫生參與指導規劃。莊淑瑾記得自己參加「健康營」之前很興奮，買了一大堆零食帶進去，還準備分享好友品嘗，這些都是自己喜歡吃的蜜餞、豆干、洋芋片等，沒想到一進健康營，分配一個人一個房間之後，就規定不准吃自己帶來的東西，她只好把一大堆零食擺回車上。

莊淑瑾在「健康營」中按照食品養生專家指示生活，吃到第三天，全身就開始「不對勁」了，儘管每天做的身體檢查顯示都很正常，第三天中飯時她一面吃，一面全身發抖，明明已經吃飽了，好像營養不良、四肢無力。情況完全不對，這也讓莊淑瑾意識到自己的飲食生活方式出了大問題。

從真誠、關心出發

在電視圈打拚了近三十年，用餐時間不是用來開會，就是完全錯過，常常一忙起來根本忘了吃飯，只用零食充飢，以為這些零食的熱量和營養很足夠了，於是久而久之把零食當正餐，這也是許多電視人生活的常態了，但是猛然回首，發現自己幾十年下來有了一些成績，卻賠了健康！如果不是參加健康營，莊淑瑾很可能會繼續這樣生活下去。

慢慢年紀大了，醫生警告，很可能出現糖尿病等慢性病。

參加完「健康體驗營」，當初召集大家參加的余湘沒有進一步參加完整的營養計畫，反而是莊淑瑾開始重新按照專家指示調整生活作息和飲食。

這次活動之後，莊淑瑾開始觀察這位認識二十幾年的朋友。她們有一個共同的特點：兩人是媒體圈的女性，同樣晚上「都不參加應酬」。這也是莊淑瑾最好奇的地方：為什麼余湘不參加晚上應酬，生意卻可以愈做愈大？

在莊淑瑾眼中，公關應酬是最浪費時間的事情之一，偏偏這又是電視圈最重要的文化。莊淑瑾過去認為，負責業務的人員，因為還要公關應酬，所以一定做不好管理工作，但是余湘卻顛覆了這個想法，除了晚上的應酬，余湘不但常參加「公關活動」，還時常「組織」公關活動。

例如：找一些朋友聽心靈講座、請不同領域的朋友到她家吃飯、參加「健康體驗營」等，都是余湘所發起，也是在參加這些活動中，莊淑瑾得以近距離觀察**余湘如何把「浪費時間」的應酬和公關活動，同時化為業務和管理兼顧的方式。**

首先，是利用行動電話遙控。大哥大剛開始流行時，余湘便隨時用行動電話和辦公室保持聯絡。她的祕書是她的最佳轉接站，讓她在時間出現空檔時，可以馬上處理公事、討論決策，管理和業務不會因為她「不在場」而鬆懈。

其次，她在公關活動中絕不強出風頭。莊淑瑾觀察，通常喜歡參加或組織公關活動的人，都是喜歡發表意見、想當意見領袖的人，而且深怕別人忘記，拚命表現自己，但是**參加余湘的應酬或活動很特別，她是主人，但絕不是主角，反而讓大家都在活動中發表意見、受到重視，無形中愈來愈多人喜歡和余湘一起聚會。**

最重要的是，余湘在每一次聚會或飯局中，總是努力讓每一個人的訊息互相流通，並且增加彼此合作的機會。這些機會不一定是和余湘自己的生意有關，但是余湘卻熱心的讓朋友之間有更多交流機會。莊淑瑾也慢慢了解，與其**說余湘善於做「公關」，不如說她是真的熱心的想要照顧周邊的朋友。**

先當別人的「貴人」

對余湘來說，找朋友參加「健康營」絕對不是偶然，而是對身邊朋友的用心。她知道莊淑瑾是一個全心投入工作、沒日沒夜，可以為了工作不睡覺的女強人，幾次吃飯下來也觀察得到莊淑瑾對健康的忽略，所以等到了好機會，就找她參加健康活動。

同樣的道理，余湘知道有的朋友喜歡聽老歌，她只要有老歌演唱會門票就馬上會轉寄給喜歡老歌的朋友；有的朋友喜歡美食，她就會把吃過的好餐廳不吝分享。余湘也指出，年輕人交朋友，一定要從「熱心」出發，而不是刻意觀察別人的喜好。平時對朋友熱心，就一定有機會照顧到好朋友。

「這個圈子交朋友，真的很難，但是余湘做到了！」莊淑瑾說，就像電視台慢慢把業務收回去自己做，她和余湘也沒有實際業務往來，但是余湘還會記得找她參加健康養生活動。「這十年來，我的身體愈來愈好，余湘也不知道，她是我生命中不同階段的貴人！」

也難怪**不景氣中，余湘卻把餅愈做愈大，因為她不吝惜當別人的「貴人」，她無時無刻也替自己創造了更多的「貴人」**。

我已經把她當妹妹了

當黃越綏知道余湘生病，正與死神拔河時，為了替余湘祈福，不論是教堂或寺廟，黃越綏都去拜，甚至有一次拜完根本站不起來，還需要旁人攙扶才能起身。

好到「穿同一件衣服」！

在電視媒體上看見的作家黃越綏，總是火力四射。

「我現在上節目這套衣服，其實是朋友贊助的！」黃越綏語出驚人的表示。她有一個好朋友常穿很多當季名牌，後來就不穿了。她乾脆建議說：「我常需要上電視，不如你穿過的一些衣服就讓我來穿好了！」

原來，黃越綏希望能把每次上電視的置裝費省下來給「單親兒童文教基金會」，而這位「好朋友」就是余湘，兩人交情好到「穿同一件衣服」，而且還不怕被人知道。從許多方面來看，余湘和作家黃越綏結成好朋友實在讓人難以想像，但是她們確實是莫逆之交。

不管黃越綏是以女性主義者的面貌，或是政治改革者的論述，在媒體上大放厥詞來突顯其個人想法，包括了男女平等、強化家庭教育及對社會弱勢族群的實質關懷，甚至曾一度考慮以無黨籍身分參選總統來改革政治，這和一向行事低調的余湘很不搭調。

光是在政治「光譜」上，余湘算是「深藍」，黃越綏則算是「深綠」，兩人對政治上的看法完全沒有交集。黃越綏的說法是：「以我們現在的能力都還沒有辦法說服對方！」但是她們兩人在一起時，不會刻意迴避政治的話題。談到政治，雙方還是會直陳彼此想法，以尊重取代言語暴力。

其次，是生活背景上，黃越綏很早就嫁到海外，婚姻的遭遇讓她練就十八般武藝；晚婚的余湘則是三十四歲才結婚，而且從不進廚房煮菜，又是另一種現代女性的代表。

再者，黃越綏相信理性思考，但是余湘比較相信命運。只要聽哪裡有高人，余湘都會想辦法去拜訪一下。黃越綏認為，這是因為「高處不勝寒」。位子愈高的領導者，愈是需要更多的意見，幫助領導者發現自己看不見的角度。

做好事，義不容辭

余湘最佩服黃越綏的是能從一個菲律賓富豪家族的媳婦，經過人生變故，還能夠樂觀進取，重新站起，甚至從事公益，做許多對大眾有益的事。「吳哥哥就告訴我，如果要捐錢給公益團體，就要捐給這種真正做事的人，和是藍是綠沒什麼關係！」余湘說。

二〇一〇年下半年，黃越綏在台南籌劃「中途之家」，余湘也馬上共襄盛舉，捐了其中一間收容所。黃越綏說，她們想法這麼相左的人都能作朋友，可見得彼此友情的堅固及彼此的包容力。外界很難挑撥她們的友情，主要在於余湘的個人魅力與真性情。

首先，黃越綏認為，余湘有著生意人少有的「率真」。對於客戶，她絕不輕諾寡信，做不到就做不到，能做到就努力做到，所以建立了誠懇、坦率，不失真、守信的形象。而且她說真話，卻又處事圓融；與屬下的相處，她也很直接。景氣好時放鬆一些，如果景氣差則更需要努力，在此大原則下屬下更不用揣測上意。

第二個特質是果斷。黃越綏認為，余湘的觀察力很強，加上行為內斂，才能精準觀察到產業的走向，做出決定，這就是她為什麼給人「果斷」的形象。先整合媒體公司，又馬上買下聯廣；對內而言，她的Leadership很放權，但是她會讓幹部知道她的底線在哪裡。她敢給高薪，但也要求員工鎖定目標，勇往直前，不輕言放棄。

第三個特質是，黃越綏觀察她有女強人少見「會撒嬌」的功力。每次余湘的先生「吳哥哥」做菜，或是帶她去餐館吃飯，余湘一定會「歌功頌德」一番。讓做菜的人不但心花怒放地享受到被肯定的自信，也因此更樂意下廚，當然也就不介意余湘不會煮菜；而另一方面，余湘是個完美主義者，對外表也是「求好心切」，不因為女強人而疏於打扮。每次遇到黃越綏，就會先問她外表看起來如何。

第四個特質就是主動關懷別人。黃越綏指出，余湘知道黃越綏成立「財團法人國際單親兒童文教基金會」，就主動開口樂捐，到了年底還會詢問有哪些地方需要幫助。「處處散發慈悲，是個會聞聲救難的活菩薩。」黃越綏口中的余湘悲天憫人性格也落實在員工身上，面對員工，她雖然嚴格，但會給對方成長的機會，不會輕易放棄。

所以當黃越綏知道余湘生病昏迷時，一向對宗教採尊重與開放的她，為了替她祈福，不論是教堂或寺廟她都去拜，甚至有一次祈拜完根本站不起來，需要旁人攙扶才能起身，「我已經把余湘當作我的妹妹了！」這是黃越綏由衷的認定。

在余湘大病重生後，黃越綏發現過去各忙各的這對夫妻，竟然打破了「夫妻本是同林鳥，大難來時各自飛」的慣例，變成了一對每天守候在一起的良伴。

「他們是現代所謂的開放式夫妻！」黃越綏解釋，「開放式」夫妻就是彼此把信任放在第一位，並在尊重對方的思考和決定中找到婚姻生活的平衡點。

吳哥哥比一般人更提早看透人生，四十歲就退休，余湘也沒有因此而看不順眼，找這位「不工作」丈夫的碴；另一方面，余湘的事業蒸蒸日上，儼然已成跨海級的多媒體大亨，吳哥哥則轉化成從旁協助幫忙的角色，不會眼紅妻子的成就或嘲諷與不屑，反而讓余湘沒有後顧之憂。

這就是「開放式夫妻」的寫照，而且有趣的是，余湘對家人愈開放、對朋友愈包容，回報得到的情感凝聚力，反而無比的真實和堅強。

基金會的黃蓉

當陳莉茵得知余湘要捐出一百萬元，買下一幅拼布，以解決罕見疾病基金會的燃眉之急時，陳莉茵看到年輕的余湘，還有點疑惑，但余湘堅定的告訴她：「這幅畫應該可以掛在我的辦公室裡！」

在余湘辦公室有一幅十公尺的拼布，是由四十七位母親花了四個月的時間縫製而成，捐給「罕見疾病基金會」來義賣，後來余湘買下了這幅拼布。

因為這塊拼布，罕見疾病基金會創辦人陳莉茵認識了余湘。陳莉茵回憶八年前認識余湘時，她正望著這幅長達十公尺的拼布發呆。

「這可是四十七個母親把手指都頂破所織出來的！」陳莉茵說，這些母親希望這些拼布作品義賣之後可以彌補基金會尚缺兩百五十萬台幣急難救助金的經費缺口，這是其中最大的一幅。

有位女士想捐一百萬元！

基金會找到了十一家做直銷的公司，每家只願意拿出八萬元，共八十八萬台幣。這離目前兩百五十萬還差了一大截，沒想到這時一位公關同仁告訴她，「有一位女士想要捐出一百萬元！」陳莉茵問公關同仁有沒有留電話，於是陳莉茵馬上打電話過去和這位女士約碰面。

陳莉茵當時對余湘的印象是，這位女性這麼年輕，她真的會買這幅拼布嗎？沒想到余湘堅定的回答：「這幅畫應該可以掛在我的辦公室裡！」這讓陳莉茵略鬆了一口氣，心裡想：「這代表她的辦公室還不小，應該真的是有錢人！」

但因為這幅畫已經先「義賣」出去了，陳莉茵試探的問余湘，「請問你可不可以出到一百八十八萬呀？」余湘回答：「沒有問題呀！但為什麼是這個數字？」

於是陳莉茵解釋，因為要讓余湘取得這張巨幅拼布，她必須說服那十一家公司「買下」之後再捐出來，讓余湘順利購得，但是希望數目可以比每一家的八萬多出一百萬，這樣才有說服力，也能讓募款目標更為接近。

這樣的說法，余湘也欣然同意，並且開始贊助了當時才成立不到五年的「罕見疾病基金會」。從那年起，余湘每年都會捐百萬以上給基金會。她對客戶需求有著過人的細微觀察能力，一旦開始把眼光放進公益領域，會觀察到怎樣的人性。

陳莉茵的小兒子也是罕見疾病患者，在二十一歲那年，因為美國醫生誤診而過世，但是在過程之中她決定一肩扛起，一九九八年，創辦了罕見疾病基金會，為台灣所有罕見病患奮鬥。在成立之初，她常常問自己：「不會是我吧！我既沒錢，又沒勢，怎麼會是我來創立這個基金會？」

對，大姊沒錢了！

光是要成立基金會的一千萬門檻，陳莉茵當時就傷透腦筋。很難想像現在罕見疾病基金會已看顧全台六千多名罕見疾病的小孩、兩百一十種罕見疾病，目前基金會一年需要六千萬台幣的經費，有百分之七十五是靠小額捐款。「我只是一個上班族出身，一路走來要是沒有余湘這些人的支持怎麼可能！」

陳莉茵打開皮包，滿滿都是募款單。陳莉茵十年前讀到華嚴經中文殊菩薩的大願：「若見空缽／當願眾生／其心清淨／空無煩惱。若見滿缽／當願眾生／具足成滿／一切善法。」陳莉茵體悟到不管募不募得到錢，她力求無悔。

如果說她是用一種「托缽的心境」，余湘則讓一切善法具足圓滿。陳莉茵看過許多做大善事的領導者，他們看到社會上很多不公不義的事，會很「主動」去幫忙，而且這些人都有「微密觀察」的本領，很聰明，也很有自信。

所謂「微密觀察」是佛教的用語，意指想要觀察到人世間真相，是要靠更細密的心思和更深切的體會，所以觀察到了吉兆生成，就會思索如何給別人帶來更多幸福，而劣勢出現之機，也會提醒自己心念不正之時，我執現前，是不是沒有為別人著想？

陳莉茵記得有一次參與余湘在歷史博物館的活動，余湘那一天穿著白色洋裝，在招待客戶，她突然有一種感覺：「她真是基金會的黃蓉啊！」

黃蓉是武俠小說大師金庸筆下的女主角，善解人意又很美麗。陳莉茵說一開始根本不知道余湘是在做什麼的，後來才知道「媒體採購」這個行業，賺的都是辛苦錢，但是余湘完全信任基金會放手去做，她只是捐款。「她很有自信，對別人也很有信心，所以很尊重別人！」陳莉茵形容，余湘是一個沒有距離，很可愛的捐款者，她不會疑惑，很快樂，不在乎後果如何。

但余湘捐款的醫療補助基金，對小朋友來說卻是急難救助錢。因為罕見疾病七成都沒有藥，再加上從診斷到藥品申請，通常都有四到六個月的空窗期，許多肌肉萎縮的罕見疾病還會惡化，加上父母可能沒有能力，家庭功能會喪失，這時「罕見疾病基金會」就要介入、幫忙。

「你又沒錢了？」陳莉茵模仿余湘善解人意的語氣，總是這樣的「及時」，而年逾六十歲的陳莉茵說，她也是馬上回答余湘：「對，大姊沒錢了！」

陳莉茵說，余湘捐錢，從不會要人寫什麼結案報告，雖然我們一定會寫，然而深深感受的是「其實她捐給社福機構的是無價的信任和尊重！」

好奇、喜歡學習、解決問題，這就是「正面」的本質，余湘也是用最嚴謹的態度面對。

正面才能翻身

剛滿四十歲的程懷昌，是余湘細心栽培的子弟兵之一，也是廣告界近十年來爬升最快的經理人。

《動腦》雜誌社長王彩雲指出：「當初看到這個長得並不特別出色的年輕人，不知道為什麼余湘會如此重用他，完全想不到程懷昌會變成這麼厲害！」在如此激烈競爭的環境之下，帶出一家連續十年都有兩位數字成長的公司，王彩雲說，**余湘這十年來開始帶出更多將才。**

余湘認為，程懷昌一路過關斬將的關鍵，是他有一種「正面的能量」。他是余湘見過EQ最高的人，對工作都是正面思考，從不怨天尤人，或表現出負面情緒，又加上工作拚命賣力，這也是余湘完全授權給他的原因。

這種正面的態度，讓他和余湘能夠在「黃金十年」共事。

原來程懷昌在奧美時就認識余湘，當時程懷昌還是奧美的小ＡＥ。程懷昌在奧美受到最大的觀念，就是當時他的主管強調，什麼是廣告，廣告就是「銷售」，這也讓程懷昌開始用「銷售」來重新定義自己的未來工作。

履歷表，躺在桌上兩個月

後來民視要成立了，廣告圈也都知道余湘將從傳立到「另外一邊」的民視（見〈為什麼要站在另一邊？〉），程懷昌當時想，既然廣告就是「銷售」，不如他也去電視台「銷售」廣告，來體會一下不同的工作經驗，加上他是廣告界的奧美出身，相信自己可以順利轉檯，卻沒想到自己在面試之後，履歷表就放在當時總經理李光輝的桌上整整兩個月之久。

程懷昌本想算了，但是念頭一轉，「銷售」人員不是必須具備「正面」思考的能力嗎？於是他想起余湘正要前往民視任職，就大膽前往傳立辦公室，請余湘了解一下原因。

這是程懷昌第一次和余湘「正式往來」。過去雖然有過一起出差、一起開會，但都是點頭之交，余湘對這位小ＡＥ也沒什麼特別印象，反倒是她要到民視之際，也有一位奧美同事卻無法像她一樣，順利到「另一邊」，所以她也很好奇，於是答應程懷昌到了民視之後會去了解一番。

余湘趁著和李光輝開會的時候提起這名奧美ＡＥ的疑問。

李光輝一時間還想不起來是誰，翻了一翻堆積如山的公文，才看見這個來自奧美的年輕人履歷，李光輝才想起他對這個年輕人不感興趣的原因是，當他問程懷昌為什麼想離開奧美到電視台來上班的理由，程懷昌的答案是：「公司加班太多，所以想換一個環境！」

程懷昌現在是七十多人規模公司的領導人，他認為自己現在應徵人員，若是聽到這樣的回答，也會把履歷表丟在一邊，因為「怕加班」的年輕人有什麼好用的呢？

但是余湘先用「正面角度」處理這個疑問，她又把程懷昌找來，問清楚「加班」背後的原因。

原來，當時程懷昌負責的是烈酒的客戶，所以一週七天都要上酒店和夜店去拜訪客戶，平均下班時間是凌晨兩點，而偏偏這個客戶又是利潤最高的客戶，不努力不行。

這是他不喜歡「加班」的理由，如果徵人的應考官沒有問，他也不會特別解釋，而余湘就把這樣的「解釋」告訴李光輝，李光輝也就半信半疑的用了程懷昌，而這一用，也讓民視多了一名猛將。

余湘的識人與慧眼

在民視兩年時光，只培養了余湘和程懷昌工作能力上的認識和默契，但真正建立革命情感，是在程懷昌從紐約唸書回來之後。

程懷昌在無線電視台工作了兩年，正遇上了網路風起雲湧，於是他決定前往美國取經，研讀電子商務。學業結束之後，分別有三個不同的工作機會：一是雅虎，一是台灣大哥大，另外則是到余湘剛剛創立一年的媒体庫。

「一個能讓我發揮的主管，是我選擇到媒体庫工作的關鍵！」程懷昌說，每個人都有不一樣的特長，如果有了解你特長的人支持你，就會成長得更快。由於當時媒体庫沒有合適的位子，於是余湘請程懷昌從「教育訓練經理」做起。

「教育訓練」顧名思義，就是協助同仁在工作上學習新的觀念。過去做過廣告業務的程懷昌，第一次正式接觸媒體，正好結合了他在美國學到的「電子商務」，從那時開始他就把「教育訓練」當作最重要的使命，就像二〇〇八年時金融風暴，許多客戶都停止了業務，程懷昌就趕快要求同事用公司各種教材「練功」，才能在景氣復甦時快速壯大。「我希望媒体庫就像媒體業的奧美，每位同仁都不斷學習！」

另一方面余湘也全力培養他，程懷昌像海綿一樣吸收能力很強，後來也不負所望，所以余湘一路就把客戶關係都交給他。而余湘也觀察程懷昌除非是有重大事情才會詢問她的意見。「不過其實他都已經想好要怎麼做了，只是要表達對我的尊重。」余湘說。

為什麼像「海綿」？為什麼不怕別人丟來的工作？程懷昌說，就是好奇和勇於挑戰，每一項新工作都可以接觸到不同行業、不同客戶。他都很好奇，可以學到新東西。

一眼就看出問題

好奇、喜歡學習、解決問題，這就是「正面」的本質。提到「正面」，程懷昌最佩服的是余湘。據程懷昌觀察，**就算客戶再小的問題，余湘也是用最嚴謹的態度面對**，這樣做事的效果和品質當然就會完全不同。

另外，最讓程懷昌驚訝的是余湘看報表的功力。余湘擔任集團總裁時，各部門呈上的數字報表愈來愈多、密密麻麻，但是余湘仍可以「一眼就看出問題」。程懷昌就不只一次在余湘的辦公室裡，當場看到余湘挑出有問題的數字，讓財務人員臉都綠了。有一次，程懷昌忍不住問余湘，為什麼她可以在電腦跑出來的一堆數字中，馬上看到問題。

余湘回答：「我只是用常理來看問題。」余湘解釋，她會先用報表的數字來看合理性，一有不合理的地方，就馬上拿起計算機加加減減。**用常理來看數字，而不是相信電腦做出來的數字**，是余湘可以一眼就「抓出問題」的方式。

發現問題，馬上面對問題解決，也是「正面態度」的一部分。程懷昌也常看見兩個屬下如果能力一樣、學歷一樣，但是一個人用「正面」態度，就會把事情做到完美，這也是一個人能不能往上再發展的關鍵。

媒体庫已經連續五年坐上台灣第二大媒體公司。余湘曾經形容媒体庫在整個WPP集團中的角色，如果說第三大的傳立是屬於守住客戶的禁衛軍，媒体庫則是在最競爭的環境中，拓展地盤的大將軍，「我們所有客戶都是自己搶來的！」程懷昌自信的說。

媒體加西亞

余湘希望員工永遠不要對客戶說「不可能」三個字。因為余湘認為既然客戶提出來了，一定有原因，我們應該為客戶鍥而不捨的一試再試，才算為客戶盡心盡力。

「我算很幸運，現在余董應該沒有時間可以這樣帶人了吧！」群邑總經理趙訓平一路從基層開始就有機會跟在余湘身邊，和余湘一起出去與客戶開會，是少數有機會能夠親身體會這種以「客戶服務為導向」的主管。

首先，就是要「**用客戶的角度看事情**」。

所謂從「客戶的角度」，不只是準備好應該做的功課而已，關鍵是直接面對客戶時，一種很微妙細膩的感受，媒體人員常犯的錯誤，就是自以為準備得「很充分」，所以一定要完全展示給客戶看、硬要說給客戶聽。

但是和余湘一起面對客戶，就會發現**余湘可以馬上找到客戶期待的重點，並且隨時**

調整。

這就是提案成功的真正關鍵，不是提案漂亮而已。余湘就常叮嚀小趙，有的客戶重視數字，你就給他看數字；有的客戶喜歡了解來龍去脈，你就給他完整的說法。「我就算準備得再充分，但如果客戶沒有興趣，我也會馬上跳過，毫不遲疑！」余湘強調，**團隊一定要掌握開會狀況，才可以提供客戶要的服務**。

你的報表為什麼沒有置中？

從客戶的理解切入，但這並不意謂著自己的準備工作可以鬆懈。趙訓平記得自己剛進公司第一年的某一個早上，他聽見余湘祕書的聲音從內線電話那一端傳來。

「趙哥，余董找你！」

趙訓平馬上從座位上跳起來往余湘辦公室奔去，畢竟他花了整整一個晚上做好的客戶資料報表，完整的呈現出客戶的業績和數字，在送給客戶之前先給余董過目，應該可以得到余董的賞識。

他那時是媒体庫的企劃部副理，余董都叫他「小趙」。一進到余董辦公室，小趙看見余董氣呼呼的左手拿著他昨天整理的報表，右手拿著另一張電腦報表說：「小趙，你的報表為什麼沒有置中？」

小趙大吃一驚，原來余董要求給客戶看的文件不只是「看起來」整齊而已，連客戶不一定看得到之處也要求「精確」，也讓初踏入廣告界的「趙哥」上了一課。

又有一次，小趙在週五晚上六點後接到了一通電話，突然有一個客戶打電話給他，要他把當晚及週末的廣告全部抽掉，小趙一聽驚呼：「這怎麼可能，電視台的人都下班了，這個時候要改，全台灣都不可能有人可以辦到！」

當小趙跟客戶回覆這個說法之後，余董又把小趙叫進了辦公室，對著小趙大吼：「如果今天你能做的都和別人一樣，你對客戶有什麼價值呢？」

余湘知道小趙的脾氣很爽直，所以常常直來直往建議小趙，但是這一次小趙滿臉委屈，因為這種下班後還要拉掉當天晚上廣告的做法，簡直違反電視台常規，余董自己也應該清楚。

永遠不要對客戶說「不可能」！

余湘雖然知道小趙脾氣很好，但看小趙不說話，也把音調放軟解釋：「你應該先打電話給對方的業務主管，看看是不是能把CM組的人找回公司？」余湘認為，雖然專業判斷上是不可能的事，但是既然客戶提出來了，一定有原因，就應該為客戶鍥而不捨的一試再試，才算為客戶盡心盡力。「我希望你永遠不要對客戶說『不可能』三個字。」後來，把CM組的人Call回公司，果然奏效，那天客戶的廣告都被撤下來了。

隨著小趙的年資愈來愈深，服務的客戶愈來愈多，趙訓平才更了解自己對於客戶管理能力，和余湘相比只是剛開始入門。主要是責任愈來愈大，碰到客戶的問題，都不是一加一等於二可以解決的問題。他想起了余湘有一次在主管會議上特別和他們談「買蘋果」的比喻。

有一個主管請三名員工去市場上了解蘋果的價格，結果第一個人回來了，報了一個價格；第二個員工回來，把市場上所有不同的價格都報了出來；第三個員工回來了，不但了解所有的價格以及價格不同的原因，並且產生結論，應該要買哪一家的蘋果。

第三位員工顯然對蘋果的價格有深入的了解和看法。**余湘認為這種「主動性」，也是從低階主管能夠晉升到中階主管的關鍵。而中階主管養成了積極度之後，未來能不能成為一個獨當一面的高階主管，關鍵是「責任」的訓練。**

余湘常告訴像小趙這樣的年輕主管，不管是對外談判，決定是否合作都是代表公司，只要是小趙對外談出的結果，公司一定都會挺你，但是對於客戶的承諾，絕不能講話不算話，更要有「給加西亞的一封信」的精神。

「給加西亞的一封信」是一個很短的故事。一八九〇年代美西戰爭爆發後，美國必須立即跟西班牙的反抗軍首領加西亞取得聯繫。而加西亞平時藏在古巴叢林的山裡，沒有人知道確切的地點，無法帶信給他，但美國總統又必須儘快獲得他的合作，打贏勝戰。這時有人對麥金利總統說：「有一個名叫羅文的人，有辦法找到加西亞，也只有他才能找得到。」

總統把羅文找來，交給羅文一封寫給加西亞的信。羅文接過信之後，並沒有問「加西亞在什麼地方？」他拿了信，把它裝進一個油布製的袋裡，封好，吊在胸口，划著一艘小船，四天之後的一個夜裡在古巴上岸，消失在叢林中，三個星期後，他從古巴島的另一邊出來，他已徒步走過一個危機四伏的國家，把那封信交給了加西亞，他已經幫美國完成任務。

羅文的事蹟透過《給加西亞的信》一本小冊子傳遍了全世界，並成為敬業、服從、不畏艱難的象徵。余湘認為這個故事雖很簡單，其中卻有著開創偉業、使命必達的道理，亦即當沒有人能教你怎麼做時，只有靠信心和努力完成一切。

認人的行業

五年前台北縣長選舉，競爭非常激烈，但最後藍、綠陣營都不約而同交給余湘旗下不同的公司來做，這是一種非常難得的「深層信任」，即使最後一定有一邊贏，有一邊輸，但兩邊都心服口服。

「認人」的行業，要靠看不見的努力

余湘和娛樂界的好友，華納大中華區總裁陳澤杉有一項共同嗜好，就是會一起去「尋訪大師」，互相介紹神準的大師來指點迷津。有一次陳澤杉引見余湘認識自己所尊敬的大師，當余湘離開之後，這位大師告訴陳澤杉：「這個人生命還沒有開始發威呢！」

當時陳澤杉大吃一驚的告訴大師，她的公司才剛剛被國外公司併購，已是成功的媒體人。但是這位大師告訴陳澤杉說，你這個朋友一定還會有更高的境界，不過，需要經

過一番磨難。

所以當余湘遭逢浩劫，再從浩劫中甦醒過來時，陳澤杉一點也不驚訝，因為「師父一年前就說了」，而且出院半年不到又繼續成立公司、併購公司。陳澤杉說，這也在意料之中，但最讓他意外感動的是吳哥哥對她的深情，這些平時是看不見的。

我們最近努力得不夠！

陳澤杉是華人音樂界最成功的經紀人之一，特別是他在二〇〇五年年底，轉戰EMI，成立分公司Capitol，成功和天后蔡依林簽約，隨後又網羅孫燕姿、張惠妹，三大天后入列，締造黃金王朝，紀錄至今很難超越，但陳澤杉自認企圖心和余湘比仍差了一截。他對余湘印象最深的一件事，就是有一次和余湘看電視時，余湘連看了三支廣告都不是他們集團發稿的，他聽見余湘很不高興的說：「我們最近努力得不夠！」

陳澤杉和余湘有著相同的背景，他們都沒有顯赫的學歷、背景，卻坐上了外商公司總裁的位置。陳澤杉認為在媒體界、在娛樂界，這是一個「認人的行業」，你有多漂亮的學歷、多光榮的背景，對客戶來說，都沒有意義。重要的是，你要如何幫客戶增加價值。

「我連一句英文都說不好，誰會想到現在卻要直接和老外開會！」陳澤杉感慨的說。他相信命運的安排，但是「命運只能造就方向，不能成就事情！」最後的格局和結果要看自己，否則當時「大師」早就說他會被趕出華納，這讓他更加努力，但最後他還是被趕了出來！

只是不到半年，所有天后都跟著他。這就像余湘的客戶都跟著她，對陳澤杉來說，他的「客戶」就是蔡依林、羅志祥、郭采潔、黃小琥、那英等。陳澤杉到哪裡，「客戶」就跟著他到哪裡。

即使別人沒看見，也要做

這就是「認人」的行業最特殊之處。陳澤杉分析，這種「認人的行業」第一個特色，就是必須願意做許多別人看不見的事，而且不怕磨練，這不是學校裡可以學到的。

比起余湘從總機小姐做起，陳澤杉只有高中學歷，而且是來自台南高中「第五志願」，從基層幹起的能力也不遑多讓。陳澤杉十九歲就在夜市賣「阿吉仔」專輯，那是台語歌曲被打壓的年代，連電視台綜藝節目一次都只能播一首台語歌。在被封殺的情況之下，陳澤杉從最基層的夜市突破、從阿吉仔做到陳雷，但是這段基層的「夜市人生」經驗，卻奠定他對市場的敏銳度和突破的韌性。更重要的是，了解市場需要什麼東西。

第二個「認人的行業」的特色，就是「深層信任」。如蔡依林願意聽他的建議，天后什麼可以做，什麼不可以做，這都是信任關係，因為藝人相信你給他的建議是「有價值」的，而且每一個藝人都不同，天后之間同時和陳澤杉合作，也不會懷疑公司給誰的資源比較多。陳澤杉舉例，五年前台北縣長選舉，這是台灣人口最多的大縣，競爭相當激烈，但是最後藍、綠都交給余湘旗下不同的公司來做，這就是一種「深層信任」，即使最後一定是一邊贏，一邊輸，但兩邊都心服口服。儘管政治很殘酷，**政治人物把他們的媒體都交給余湘，就是相信余湘的實力，也認同余湘的服務。**

第三個「認人的行業」特色，就是能把人都「串起來」。陳澤杉說，**余湘可以把不同的人從A連到B、連到C，再連到D，再連到E，讓E又可以連到A，創造不同的價值**，這是余湘厲害的地方，雖然華納許多的廣告是委由余湘來發稿，但是余湘也幫華納旗下許多藝人介紹拍廣告的機會，這些努力不是傳統媒體人做得到的。「要花許多別人看不見的時間，人的努力是無形的，但是客戶就會跟著你！」陳澤杉說。

幫客戶把鑽石擦亮

藝人打歌、建立形象最重要的就是「電視」媒體，陳澤杉絕對是全心盯牢。陳澤杉說，丟開私交，請余湘發稿，除了砍價、看報表的數字，另一方面，陳澤杉的「心機」是：他知道余湘待過電視台決策層，很了解電視台的作業方式。放眼望去，全台灣媒體界，她比一般媒體人員更了解電視，這是他放心把旗下藝人的廣告媒體交給余湘的原因，而這就是「認人」。

只是這種「認人」的行業，一開始很難從報表、從業務數字上看出成果，必須一步一步累積許多經驗，然後花上很多看不見的努力才會成功。陳澤杉說，許多人都不知道，為什麼客戶會跟著余湘，或許就像很多人也不知道，為什麼這麼多天后會跟著他，他也很難和別人解釋。

「這是一種直覺。」陳澤杉說，其實他和余湘都這麼相信算命，是因為相信每一位天王、天后，自己也都是一顆「鑽石」，陳澤杉的「天賦」就是幫他們把鑽石擦亮，不管是剛出道時被看衰的蔡依林及新人孫燕姿，或是重新出發的黃小琥、大陸來的那英，陳澤杉說：「所以我**從客戶的角度來看余湘，她就是有那種幫客戶把鑽石擦亮的天賦！**」

讓盲胞都有一隻「弟弟」

余湘不但是導盲犬協會的終身義工，她還自己掏腰包捐助經費，甚至動員聯廣旗下的創意團隊，拍攝導盲犬的公益廣告。她希望能訓練出更多幫助盲人的「弟弟」！

在聯廣集團的放映室裡，台灣導盲犬協會祕書長William的雙眼亮了起來。

廣告畫面中一位視力全盲的男主角，靠著導盲犬走過了巷道，穿過了樹林，獨自來到過去熟悉的湖邊，找回生命中的記憶，也重新走出了原本灰暗的生活。「這正是我們想要傳達的訊息！」William激動的對廣告製片說。

這是聯廣基金會為了贊助導盲犬協會所拍的廣告，不但製作的成本完全由聯廣基金會負擔，未來在各大電視媒體所播映的時段費用，也由聯廣買單。因為余湘發現不只是台灣的導盲犬如此缺乏，更重要的是，整個社會對於六萬多名盲胞的關心實在太少！

余湘愛狗，所有朋友皆知。余湘的好朋友星星王子，有一次向導盲犬協會祕書長William提到有這樣的一位愛狗的媒體人，William就一直希望星星王子能夠介紹彼此認識，當時聯廣基金會還沒有成立，William還記得第一次和余湘碰面，余湘就豪氣的說：

「我捐一百萬來贊助導盲犬協會，用來支持這群被社會忽略的盲人朋友。」

台灣有六萬多名盲胞，但是目前只有二十多隻導盲犬，以歐美國家對盲人照顧的比例來看，至少每一百人要有一隻導盲犬，也就是說台灣至少要有六百隻導盲犬，是目前的三十倍左右。

台灣比全球任何一個地方更需要導盲犬

余湘會開始成為導盲犬協會的終身義工，和「弟弟」相處的經驗有關。

余湘把弟弟視為家中一分子，弟弟是拉布拉多犬，這正是一種導盲犬，對余湘這樣的「明眼人」都如此重要，更何況對於生活在看不見世界的盲人朋友。

六萬多個盲人，其實是六萬多個家庭的問題。台灣盲胞如果出門走動，身旁沒有人可以扶持，一般就是靠一根八十公分的導盲杖，在腰下左右各四十五度不停的來回晃動，以便知道行走方向的馬路上有什麼障礙物。

一根導盲杖輕巧方便，但有最大的兩個問題：一是無法避免上半身高度的凸出物；二是無法預見突發的狀況。舉例來說，街上掛了許多標誌和旗子，盲胞一不小心就會撞到；過馬路時，如果有車子突然從巷口轉出，盲胞更完全無法預知，所以在歐美先進國家的盲人朋友出門，幾乎都是靠導盲犬的引導，甚至上下車都可以靠導盲犬幫忙。

連台灣的鄰國南韓，早在三十年前就已有導盲犬協會，不斷的負責訓練拉布拉多成為合格的導盲犬，台灣是在二〇〇二年導盲犬協會才正式成立。盲人已經和平常人的生活方式不同了，如果生在台灣，更加悲哀。

余湘說，台灣其實比全球任何一個地方更需要導盲犬。因為台灣不但欠缺為身心障礙者打造的無障礙空間之外，加上台灣的騎樓很多，又常被商家拿來做生意，不管是服裝店的專櫃和假人、小吃攤的凸出桌椅、文具行的書報攤、修車行的工具擺放等，連平常行人都很容易被妨礙了，更何況還有從大大小小的巷弄鑽出的汽車和機車了。有導盲犬的帶路，才能克服這種台灣特有的市容。

除了「數量」之外，台灣對於導盲犬的觀念更是缺乏。在台中市曾經發生一件具有爭議性的新聞，一名公車司機拒絕導盲犬登上公車，而乾脆把盲胞趕下車去。這不但說明了台灣人對盲人的同理心不足，更不用說對盲人需求的了解。

導盲犬協會創辦人就是目前的理事長William，他六年前專程前往紐西蘭學習導盲犬訓練工作，發現台灣國民所得雖然和紐西蘭相差僅約五千美元，但是對盲胞的協助，遠遠落後於其他歐美國家。

《再見了，可魯》畢竟是電影

「導盲犬的意義不只是陪伴在盲人身邊，提供安全感，更是讓盲人重回社會的媒介。」William分析，當一般人看到導盲犬而注意到盲人朋友時，除了增加聊天互動的話題，也讓社會對導盲犬有更多的認識。

只不過為了這個理想，從二〇〇二年William開始創辦導盲犬協會，導盲犬協會每年都缺錢。

目前一年運作的經費，大約是兩千萬台幣，主要包括三個部分：一是培養導盲犬經費；二是向社會推廣導盲犬正確觀念；三是和國外導盲犬組織交流。

根據國外的統計，一隻訓練合格的導盲犬，從生下來到可以為盲人所有，總共需要花費近一百二十萬元台幣。導盲犬花費最多的階段，是一歲之前的照料防疫，但是另一方面，要訓練拉布拉多成為導盲犬，還不只是錢而已。

一隻合格的導盲犬在訓練過程中，一定需要在「寄養家庭」長大，才能真正培養出「親人」的性格；也就是說，還要幫導盲犬找到一個合格的寄養家庭來配合訓練，才有可能成為協助盲人的導盲犬。「如果只是從飼養場出來的拉布拉多，人性的部分一定不夠，也無法被盲人依靠，成為盲人的雙眼！」

這也是台灣一年最多只能訓練出十多隻導盲犬的原因，不但需要更多的導盲犬訓練經費，也需要更多的寄養家庭，這也需要台灣社會更多人對於導盲犬的了解，提供寄養機會，而不只是停留在《再見了，可魯》那種電影中美好印象而已。

余湘了解了台灣導盲犬的發展瓶頸之後，決定發動「媒體影響力」來讓更多人參與台灣導盲犬訓練工作。除了余湘自己掏腰包捐助經費之外，還動員聯廣旗下的創意團隊，拍攝導盲犬的公益廣告，贊助播映的Cue表，讓更多人了解，關心盲人是台灣社會走向更美好的開始，而推廣導盲犬觀念的背後，表達了台灣人與人之間更細膩的關懷。

余湘原本以為「弟弟」已是最聰明、最貼心的拉布拉多，而導盲犬協會的目的，就是要訓練出更多和「弟弟」一樣的拉布拉多，成為協助盲人生活的好朋友，這也讓余湘更義無反顧的成為導盲犬協會的終身義工。

攻其不備的貴婦——行善的勇氣

以《海角七號》開出漂亮票房的魏德聖導演，當他拍《賽德克・巴萊》時，遇到農曆年前發不出薪水，魏德聖一打電話給余湘，余湘二話不說，就火速把需要的資金匯給電影公司。

這個女主角真的很像余湘！

美國奧斯卡女星珊卓・布拉克二〇一〇年以一部勵志電影《攻其不備》（The Blind Side），再度獲得金球獎的肯定，外界都很訝異她能把一個單純的貴婦人演得這麼簡單有力。曾經獲得柏林影展銀熊獎的台灣導演林正盛看完之後讚嘆的說：「這個女主角真的很像余湘！」

林正盛也是余湘、吳哥哥的陽明山「湘行館」的常客之一。林正盛原本不認識余湘，當林正盛籌備三年，有關「亞斯伯格症」小孩的紀錄片《一閃一閃亮晶晶》上片時，余湘覺得這部片子很有意義，馬上自掏腰包，以聯廣文教基金會的名義贊助了五場，邀請客戶一起來關心俗稱「自閉症」小孩的心靈世界，這樣她還覺得不夠，當《一閃一閃亮晶晶》上片宣傳時，余湘還免費提供車廂廣告設計和Cue表服務，讓這部紀錄片有著「劇情片」的造勢。

台灣有史以來最賣座的「紀錄片」

後來《一閃一閃亮晶晶》果然成為台灣有史以來最賣座的「紀錄片」，這讓林正盛對余湘這個「陌生人」相當感激，所以當林正盛看完珊卓・布拉克的電影時，第一個就想到了余湘，後來余湘在朋友推薦下也看了這部《攻其不備》的電影，看完之後余湘也相當認同電影中傳達的意旨：每個人都可以做好事，不需要複雜的考慮，覺得該做，就去做吧！

《攻其不備》是一部改編自美國南方，真人真事的電影。Quinton Aaron飾演一位來自破碎的黑人家庭，又屢屢從寄宿家庭逃跑淪為街友的中學生麥可，而珊卓布拉克則飾演一個丈夫擁有近百間連鎖速食店，自己也是事業有成的白人女子蓮安，當這個白人上流社會女子在街頭發現無家可歸，甚至在嚴寒的冬日只穿著短褲和T恤的麥可時，蓮安得知這個少年是她女兒的同學，於是堅持不讓他曝露在寒冬中，而且半晌都不猶豫地邀請他去他們家過夜。

這個最初的善意表現開啟了麥可跟蓮安家的親密關係，儘管他們的背景南轅北轍，他卻逐漸地成為這個家庭的一員。在蓮安的熱心幫助下，他有了棲身的地方，也完成了學業，最後在二〇〇九年的NFL選秀裡，以第一輪第二十三順位被巴爾的摩烏鴉隊選走，成為現役職業美式足球員。

據說，珊卓・布拉克看完腳本的第一時間給導演的回應是：「這不是真的吧？怎麼有人這麼『殺』？這些是《藍波》或是《魔鬼終結者》才有的台詞吧！」為了讓珊卓相信，也為了幫助珊卓演出，導演很積極地安排真實世界的蓮安與珊卓見面。不過《攻其不備》的英文片名叫做「The Blind Side」，其實是美式足球術語，Blind Side 的意思是：球員面對方向的反方向（The side opposite the direction a player is facing）。

在美式足球裡，主攻的一方開始發動攻勢時，如果四分衛是右手丟球的話，他的左邊，就變成了被對方球員攻擊的最佳位置，這個位置就稱為Blind Side，一般譯為盲點或死角，站在他旁邊的左邊鋒就必須掩護他，把對方意圖擒殺四分衛的球員撞開，在電影中的男主角，正是擔任左邊鋒的角色，所以珊卓才會叮嚀男主角麥可，要他保護好四分衛湯尼。

醉倒在余湘的餐廳

電影中描述美式足球的部分，並非是說要如何向對手發動攻擊，剛好相反，它描述的是女主角如何教導男主角防範對手的「攻其不備」。而生命中的「攻其不備」也常來得突然，但是平時生活中早就有更多的關懷和愛同時存在。余湘在動三次手術之前，就經常辦一些聚會，讓許多媒體、廣告界朋友彼此認識、互相介紹，沒有任何具體的目的，卻讓彼此有更多的交流。

在手術之後，余湘把這種聚會更放大到許多媒體界、廣告界之外的領域，從藝文界、企業家、政治界。在余湘家中飯廳的圓桌上，常招待許多不同專業領域的朋友，這些朋友不一定是廣告界、媒體界的人，喝著吳哥哥自釀的蜂蜜酒，用著八德路中崙市場買來的酸菜配牛肉，有時大家聊得起勁，還會直接醉倒在桌旁。《海角七號》導演魏德聖在開拍新作《賽德克·巴萊》之前，或許是壓力太大，就曾醉倒在余湘的餐廳。

魏德聖籌備十年的《賽德克·巴萊》，由於耗資六億多台幣，讓許多有意投資的千億企業大老闆卻步。在長達十個月的拍攝期間，遇到了農曆年前發不出薪水，魏德聖打電話給余湘，余湘二話不說，就把需要周轉的員工薪資匯到電影公司的戶頭。

儘管外界並不看好魏德聖可以再繼《海角七號》之後大賺一筆，但是余湘認為，幫助人本來就是單純的，余湘雖然不是電子公司大老闆，但也有擇善固執的勇氣，支持有理想、有抱負的年輕人，儘管理想可能讓人遍體鱗傷。

誠如《攻其不備》電影中的台詞：「湯尼是你的四分衛，對吧？你要保護他的Blind Side。當你看他的時候，你想著我，你怎麼保護我，就怎麼保護他。」珊卓・布拉克對男主角麥可說。

當社會上人人都判斷別人的成功或失敗時，Blind Side用在日常生活中也變成了一句雙關語：直指我們日常生活所說的盲點，或死角（The side on which your vision is limited or obstructed）。所以從這個角度來看，余湘認為《The Blind Side》這個片名是要提醒我們，要像女主角一樣，看顧周遭我們平常容易忽略，或視而不見的人或事，並且付出關懷；就像足球場上的左邊鋒要看顧好四分衛一樣！

【後記】

從菁山路轉進櫻花樹海

張殿文

二〇〇九年初，吳哥哥在陽明山菁山路附近發現了一片農莊，離山仔后仰德大道只有五分鐘車程，卻有一條溪流蜿蜒而過，塵世喧囂又被另一半的山壁所阻絕。吳哥哥覺得這裡很適合家人和朋友休息、放空，就把這個農莊買了下來。

因此最近一年和余湘的訪談，常常是上陽明山進行。自從二〇〇八年感恩派對結束之後，余湘正式併購了聯廣，原來WPP的業務又繼續擴大，平時工作更加忙碌，余湘休假的期間便往山上跑，開始整理這面積達七千多坪的莊園，而在整理莊園的時刻，因不易被外界和公事打擾，所以就成為採訪余湘及吳哥哥的最佳時機。

他們不會住在這裡，卻很用心栽種農莊裡的植被，因為這裡未來會招待更多的朋友。

由於處於背風坡，又能照到太陽，原本就有不錯的林相。陽明山產桔子，由於這十年來飽受病蟲害，吳哥哥只得忍痛把整個桔子林砍掉，換上了三百棵台灣原生種櫻花，這是吳哥哥親自到南投霧社所挑選的山櫻，加上原本就有的野山櫻，當然，還有適合在台灣山上種植的梅花。

吳哥哥說，有一次他打電話給一位南投樹農約時間挑樹。樹農告訴他，每一棵都長得一樣，不用花太多時間來挑。吳哥哥當場就取消了採購的約會，因為哪有一棵樹的角度會真正長得一樣呢？這個樹農一定沒有用心。

把幾百棵樹種在農莊，是一個大工程。特別冬天是移樹最好的季節，吳哥哥解釋，因為這個時節植物根部已吸收好許多營養，更能耐住移動過程，離開土地。就在吳哥哥帶著工人們把一棵又一棵樹種進翻好的泥土時，我也聽著余湘翻出一個又一個二十年來一路奮戰的故事，開始在我的腦海中重新根植。所謂外界看見的傳奇和成功，原來只是出自單純的目標。自然就有力量，自然就會做出很不一樣的事情。

就像一棵樹木，只要牢牢抓住泥土，自然就會長出完全不同的姿態，不會和其他樹相同，也不會平凡。

余湘從事的廣告媒體業，是屬於「服務業」，也就是「人」的行業，這和我過去寫作的製造業、通路業等有很大的不同。製造業強調標準化和全球視野的策略，通路業有時機的判斷和系統化的思考。媒體行業雖然不像製造業有這麼大的規模和通路業創造的就業機會，卻是最有影響力的行業，否則，全世界市值最高的公司Google，為什麼會是靠廣告為主要收入的公司呢？

人與人的差異，很微妙，這種微妙卻是做好事情的關鍵，有些事情甚至難以界定，也無法壓抑。這是一個公平的行業，也是最能鼓勵「差異化」的行業。各種不同的想法只要能解決問題，就會被尊重，就像書中描寫外商集團代表不但確定要購買余湘的公司，還希望余湘能領導全新的併購集團，連外商代表都能察覺這種細微但是充滿時代張力的變化，所以才會問余湘：「妳的名片，要印Chairperson，還是Chairwoman？」余湘的回答就在這本書的封面上。

這本書的第一部分，主要是希望探索一位女性企業家在經歷了生死大病之後復出，為何比生病前工作得更為勤奮，原來生命的各種境界轉換和超越，是我們都會共同經歷的；第二部分則是從余湘年輕的時候，看她如何面對各種困境轉換，原因就在於正面力量；第三部分則是看她如何善用這種轉變的力量，促成更多事業的轉型、打開更高的格局；第四部分則是強調所有轉變和轉型的正面力量不會消逝，從余湘的朋友、客戶和同事身上，所感受彼此的力量更加強大。

台灣要轉型成更高端的服務業，正需要這種更有力量、更細微的溝通，這是服務業成功的關鍵。余湘身上有這個答案，這是我必須寫完這本書的一大原因。

另一個原因，當然是因為余湘的「協助」。所謂協助，是余湘變成這本書的「編輯」；所謂編輯，當然不只是校對、改錯字而已（這部分余湘的祕書們辛苦了！），而且還會和寫作之中甚感孤獨的作者一起討論、一起分享，一起發掘出題材和意義的人。當然，余湘不知道讓作者甘心交稿是編輯的最高境界，但是她也做到了！

二〇〇八年，我在《亞洲週刊》報導過余湘大病復出的「奇蹟」後，想到我曾答應寶瓶出版社寫一本書一直沒有下文，外務太多，我甚感抱歉，所以趕快打電話給寶瓶出版社朱亞君社長，談到余湘的種種，沒想到朱社長說：「我十年前就找她出書了！」於是我又馬上傳達給余湘，人家十年前就在等妳了，妳就推掉其他出版社的盛情吧！

也是這十年修成的機緣，讓余湘「得罪」了其他出版界媒體老友（余湘還是城邦集團的創始股東）！我也在此恭喜寶瓶。從二〇〇五年我離開《天下》雜誌開始，每年都有一本以上的著作，但過去一整年沒有出書，台灣倒是又增加了二十多家出版社，這種現象在電子書時代即將來臨時真是有趣。

作者直接和讀者溝通的時代來臨，但讀者的選擇也愈來愈多，就像站在余湘和吳哥哥的立場，人要獲得真悟，也不一定要看書。人不一定要做什麼，一切都是無所為，不了解差別心的人，看書也不一定了解。

就像外人很難了解，都會生活已經夠忙了，吳哥哥和余湘一天到晚在山上忙什麼。吳哥哥最常引用的就是詩人李白的〈山中答問〉：「問余何事棲碧山，笑而不答心自閒。桃花流水杳然去，別有天地非人間。」

吳哥哥說，第一句詩的重點是在「何事」，不是因為待在山上的目的為何，而是李白的朋友想知道他在山上做什麼，李白只能「笑而不答心自閒」，不回答不是因為回答不出東西，而是那種「心自閒」境界必須自己來體會。

這也是為什麼余湘和吳哥哥希望這個農莊能讓更多朋友分享。找一塊角落，看著樹木從不同的角度伸展茂盛，站在農莊的溪流旁，吳哥哥感慨的說：「現在終於明白為什麼漢玉上常常刻著『子子孫孫永寶用』的古人心情了。」

在余湘和吳哥哥努力整理這座農莊後，這裡已成為一座已經開張的招待所。不是用美食、美酒招待，而是招待朋友們「無所為」的自在。在寫作過程中，我也帶著大女兒之柴來看各種不同的花樹。

因為用了心，就會有更多的善緣，每一個人都能找到自己的一座農莊，種自己喜歡看的樹，再重新尋找自己喜歡的角度，我們的心靈也會因栽種不同的植物而更加開闊。希望這本書，也可以是讀者心靈農莊中的其中一棵樹。

國家圖書館預行編目資料

我是余湘：CHAIRWOMAN／余湘・張殿文著--初版.--臺北市:寶瓶文化, 2011. 02
面； 公分. --(vision ; 94)
ISBN 978-986-6249-40-2 (平裝)

1. 余湘　2. 台灣傳記

783. 3886　　100001760

寶瓶 AQUARIUS

vision 094

我是余湘——CHAIRWOMAN

作者／余湘・張殿文

發行人／張寶琴
社長兼總編輯／朱亞君
主編／張純玲・簡伊玲
編輯／禹鐘月
美術主編／林慧雯
校對／張純玲・陳佩伶・張秀雲
業務經理／李婉婷
企劃專員／林歆婕
財務主任／歐素琪　業務專員／林裕翔
出版者／寶瓶文化事業股份有限公司
地址／台北市110信義區基隆路一段180號8樓
電話／(02) 27494988　傳真／(02) 27495072
郵政劃撥／19446403　寶瓶文化事業股份有限公司
印刷廠／世和印製企業有限公司
總經銷／大和書報圖書股份有限公司　電話／(02) 89902588
地址／新北市五股工業區五工五路2號　傳真／(02) 22997900
E-mail／aquarius@udngroup.com

法律顧問／理律法律事務所陳長文律師、蔣大中律師
如有破損或裝訂錯誤，請寄回本公司更換
著作完成日期／二〇一〇年十二月
初版一刷日期／二〇一一年二月二十四日
初版三十二刷日期／二〇一六年十一月二十八日
ISBN／978-986-6249-40-2
定價／三二〇元

AQUARIUS 寶瓶文化事業

愛書人卡

感謝您熱心的為我們填寫，
對您的意見，我們會認真的加以參考，
希望寶瓶文化推出的每一本書，都能得到您的肯定與永遠的支持。

系列：vision 094　**書名：我是余湘——CHAIRWOMAN**

1. 姓名：＿＿＿＿＿＿＿＿　性別：□男　□女
2. 生日：＿＿＿年＿＿＿月＿＿＿日
3. 教育程度：□大學以上　□大學　□專科　□高中、高職　□高中職以下
4. 職業：＿＿＿＿＿＿＿＿
5. 聯絡地址：＿＿＿＿＿＿＿＿＿＿＿＿＿＿＿＿＿＿＿＿

   聯絡電話：＿＿＿＿＿＿＿＿　手機：＿＿＿＿＿＿＿＿
6. E-mail信箱：＿＿＿＿＿＿＿＿＿＿＿＿＿＿

   □同意　□不同意　免費獲得寶瓶文化叢書訊息
7. 購買日期：＿＿＿年＿＿＿月＿＿＿日
8. 您得知本書的管道：□報紙／雜誌　□電視／電台　□親友介紹　□逛書店　□網路　□傳單／海報　□廣告　□其他
9. 您在哪裡買到本書：□書店，店名＿＿＿＿＿＿　□劃撥　□現場活動　□贈書　□網路購書，網站名稱：＿＿＿＿＿＿　□其他＿＿＿＿＿＿
10. 對本書的建議：（請填代號　1. 滿意　2. 尚可　3. 再改進，請提供意見）

    內容：＿＿＿＿＿＿＿＿＿＿＿＿

    封面：＿＿＿＿＿＿＿＿＿＿＿＿

    編排：＿＿＿＿＿＿＿＿＿＿＿＿

    其他：＿＿＿＿＿＿＿＿＿＿＿＿

    綜合意見：＿＿＿＿＿＿＿＿＿＿＿＿＿＿＿＿＿＿＿＿＿＿＿＿
11. 希望我們未來出版哪一類的書籍：＿＿＿＿＿＿＿＿＿＿＿＿＿＿＿＿

讓文字與書寫的聲音大鳴大放

寶瓶文化事業股份有限公司

（請沿此虛線剪下）

廣 告 回 函
北區郵政管理局登記
證北台字15345號
免貼郵票

寶瓶文化事業股份有限公司　收

110台北市信義區基隆路一段180號8樓

8F,180 KEELUNG RD.,SEC.1,

TAIPEI.(110)TAIWAN R.O.C.

（請沿虛線對折後寄回，謝謝）